AF467408

ÉTUDES

SUR

LE TAUX DE L'INTÉRÊT

DANS LE PRÊT D'ARGENT

PAR

J.-E. LAURANS

AVOCAT A LA COUR D'APPEL DE GRENOBLE

THÈSE POUR LE DOCTORAT

Soutenue devant la Faculté de Droit de Grenoble le 30 novembre 1883

VOIRON

IMPRIMERIE BARATIER ET MOLLARET.

1883

ÉTUDES

SUR

LE TAUX DE L'INTÉRÊT

DANS LE PRÊT D'ARGENT

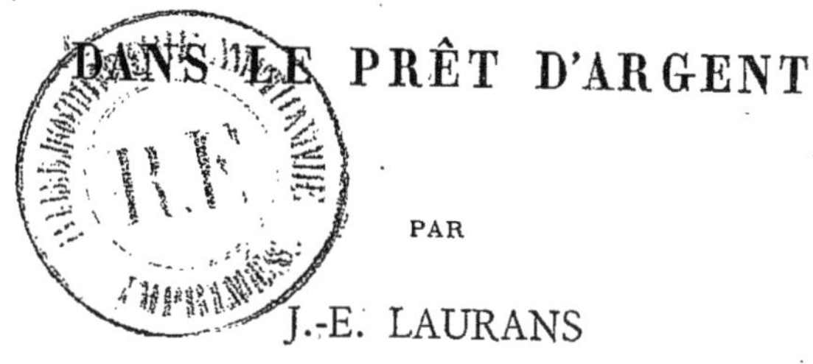

PAR

J.-E. LAURANS

AVOCAT A LA COUR D'APPEL DE GRENOBLE

THÈSE POUR LE DOCTORAT

Soutenue devant la Faculté de Droit de Grenoble le 30 novembre 1883

VOIRON

IMPRIMERIE BARATIER ET MOLLARET.

1883

8° F
7 . 41.

FACULTÉ DE DROIT DE GRENOBLE.

MM. GUEYMARD, doyen, professeur de droit commercial.
TROUILLER ✻, professeur de Code civil.
LAMACHE ✻, — de Droit administratif.
TESTOUD, — de Code civil.
GUÉTAT, — de Législation criminelle.
TARTARI, — de Code civil.
FOURNIER, agrégé, chargé d'un cours de Droit romain.
BEAUDOIN, — — —
BALLEYDIER, — — du cours de Procédure.
CHRÉTIEN, — — du cours de Droit international privé.
RAMBAUD, chargé du cours d'Economie politique.
ROYON, secrétaire.

SUFFRAGANTS :

MM. TESTOUD, *président*.
GUEYMARD, *doyen*.
TROUILLER, *professeur*.
GUÉTAT, —
BEAUDOIN, *agrégé*.

A mon Père.

INTRODUCTION

Le nom de prêt sert à désigner deux contrats bien distincts : prêt à usage ou commodat, prêt de consommation ou *mutuum*.

Ces deux contrats ont une base commune : la restitution, mais tandis que dans le prêt à usage elle porte sur la chose prêtée, elle n'a pour objet dans le mutuum qu'une égale quantité de choses de même nature, valeur et bonté.

Le commodat est essentiellement gratuit ; il se distingue par là du louage ; le mutuum, gratuit de sa nature est accidentellement à titre onéreux; on le nomme alors prêt à intérêt. L'intérêt, c'est la rémunération que reçoit le prêteur pour la privation temporaire qu'il s'impose. Pour tout dire : le prêt à intérêt est le contrat par lequel une personne remet une certaine quantité de choses fongibles à une autre moyennant l'engagement que prend celle-ci de lui en rendre une pareille quantité augmentée d'une certaine quote-part proportionnelle à la quantité principale et au temps écoulé entre la remise et la restitution.

Les choses fongibles seules peuvent faire l'objet du prêt à intérêt : la chose fongible par excellence, c'est l'argent ; l'expression prêt à intérêt désigne presque toujours le prêt d'argent, c'est dans cette acception que nous la prendrons nous-mêmes ; mais le prêt à intérêt peut porter sur toute sorte de choses fongibles : boissons, denrées, marchandises. Ces sortes de prêts ont des règles particulières. Nous ne nous occuperons que du prêt d'argent.

Le prêt à intérêt ainsi défini est un des rouages essentiels de la machine économique, par lui déversés dans le torrent de la vie sociale, les capitaux alimentent le travail des peuples, et participent de sa fécondité. La production augmente, et la richesse publique s'accroît.

La nécessité de ce contrat nous recélera toujours son origine qui paraît aussi ancienne que celle des sociétés, toutes les nations, toutes les époques l'ont connu; au moyen-âge même s'il perdit son nom dans les lois, il conserva sa place dans les faits, et après une lutte de dix siècles, rentré dans nos codes avec la révolution, il a réduit au silence ses plus inexorables adversaires. Mais avant d'atteindre à ce triomphe, que de vicissitudes éprouvées, que de contradictions soulevées, que de prohibitions éludées, que d'excommunications encourues. Dans la science juridique il n'est rien de plus mouvementé que son histoire.

C'est cette histoire que nous nous proposons d'étudier ; nous n'approfondirons pas les règles de formation du prêt à intérêt, ni les obligations qu'il fait naître ; nous n'envisagerons que le taux, c'est-à-dire le rapport entre l'intérêt et le capital. La loi peut permettre aux contractants de déterminer librement ce rapport ; elle peut aussi ne les y autoriser que dans certaines limites.

Nous verrons par la suite le prêt à intérêt d'abord libre dans sa formation comme dans son taux, soumis plus tard à des règlementations sévères, prohibé ensuite d'une manière absolue. De nos jours il a repris la place que la confusion des préceptes religieux et des lois politiques ou civiles presque universelle au moyen-âge lui avait perdre ; mais on ne lui a pas rendu la liberté complète, la loi fixe encore un taux maximum. De bons esprits pensent qu'il ne faut pas s'arrêter là, qu'il faut rompre ces dernières entraves. Nous aurons à nous prononcer sur cette question.

Cette étude se divisera ainsi d'elle-même, elle a pour titre : Du taux de l'intérêt dans le prêt d'argent. Une première partie sera réservée à l'histoire ; nous examinerons dans la seconde les difficultés que soulève la législation actuelle et le problème économique de la liberté du taux nous fournira l'objet de la troisième.

ÉTUDES HISTORIQUES

CHAPITRE Ier.

Du Taux de l'intérêt dans les législations hébraïque et grecque.

Le plus ancien peuple dont les lois nous soient parvenues, le peuple juif, à l'époque reculée où il suivait Moïse à travers le désert vers une terre inconnue, connaissait déjà le prêt à intérêt. Qui sait s'il ne l'avait pas pratiqué avec rigueur sur les bords du Nil, et si ce ne fut pas là la véritable cause des persécutions qu'il y subit ? Les souvenirs sanglants du moyen âge permettent tout au moins de le supposer.

Préoccupé avant tout de l'avenir politique du peuple d'Israël, dont il venait d'assembler les enfants dispersés; désireux de développer en eux l'esprit de solidarité indispensable alors à la conservation de leur autonomie, Moïse, en réformateur jaloux de son œuvre, autant qu'en patriote éclairé et en politique habile, formula pour eux un double précepte qui, à travers les siècles, devait éterniser leur race : l'amour désintéressé de leurs frères, la haine aveugle de l'étranger. Toute la loi mosaïque est là. « Si votre frère est pauvre, dit Moïse, s'il ne peut plus travailler, ne prenez point d'intérêt de lui, ne tirez point de lui plus que vous ne lui avez donné (1). — « Prêtez-lui ce dont il aura besoin sans exiger aucun intérêt, afin que le Seigneur votre Dieu vous bénisse en tout ce que vous ferez dans le pays dont vous devez entrer en possession (2). » Le prêt entre Hébreux est un devoir ; c'est une des formes du grand précepte de la charité ; la gratuité est de son essence, quelle que soit la nature de l'objet prêté. « Vous ne prêterez point à intérêt à votre frère, ni de l'argent, ni du grain, ni quelque autre chose que ce soit, mais seulement aux étrangers (3). » L'étranger, c'est l'ennemi ; envers lui, le précepte change ; il n'y a pas de compassion à avoir pour sa misère, les intérêts qu'il payera appauvriront d'autant l'idolâtrie ; contre lui, l'intérêt sera permis, et il sera libre. On sait l'usage que firent les Juifs de cette liberté.

Telle fut la loi de Moïse. Ne reconnaissait-elle pas, en principe, la légitimité du prêt à intérêt, puisqu'elle l'autorisait avec les étrangers ! Si elle le prohibait entre les Juifs, c'était par raison politique ; c'était pour maintenir la concorde dans les rangs du peuple qui était et voulait rester l'ennemi du reste du monde. Entra-t-elle dans les mœurs ? Reçut-elle jamais une sanction de la puissance publique ? il est permis d'en douter, à la lecture des livres saints où nous voyons Esdras reprocher aux nobles et aux magistrats d'alors de prêter à leurs compatriotes (4) au taux de 1 %. Ceux qui avaient mission d'appliquer la loi étaient les premiers à l'enfreindre. Jamais, sans doute, elle n'entra dans le domaine des faits.

La Grèce, qu'une religion plus facile préservait de pareilles rigueurs, que sa civilisation et son commerce met-

(1) *Lévitique*, chap. 25.
(2) *Deuter*, chap. 23, verset 20.
(3) *Deuter*, chap. 23, verset 19.
(4) *Esdras*, chap. 5, verset 8 et suivants.

taient en contact avec tous les peuples de l'univers connu, devait adopter pour ses nationaux, comme pour les étrangers, une législation uniforme, et permettre à tous un contrat si utile au développement de l'initiative privée et, partant, de la prospérité publique. Chez les Grecs, le prêt à intérêt était permis, et le taux en était libre ; en fait, douze pour cent par an était l'intérêt minimum ; l'intérêt ordinaire était de dix-huit pour cent pour les particuliers ; de trente-six pour cent pour les banquiers, et dans les prêts à courte échéance, il s'élevait parfois à huit cents pour cent (1). Ce furent sans doute ces excès qui, par une réaction bien excusable, aveuglèrent assez Aristote pour lui faire condamner le contrat lui-même, quand l'abus seul en était répréhensible. Les Sages n'ont pas toujours su se tenir à égale distance des extrêmes.

Relatons, en passant, une particularité intéressante dans les usages des Grecs. Comme nous, pour le calcul des intérêts, ils faisaient usage d'une proportion dont l'un des termes avait pour dénominateur 100 ; ils plaçaient leur argent au 2 0/0, 3 0/0, 4 0/0, tout comme nous le faisons aujourd'hui. La raison de cet usage est facile à pénétrer : chez eux, la monnaie la plus répandue était la mine, ou livre attique, qui valait 100 drachmes. On déterminait le nombre de drachmes dus pour une mine prêtée. Chez nous, toutefois, le calcul des intérêts se fait par an ; à Athènes et dans les autres cités grecques, il se faisait par mois. Emprunter à 3 0/0, c'était s'obliger à payer chaque mois les 3 centièmes du capital reçu en prêt. Nous retrouverons plus tard cet usage à Rome, quand les conquêtes auront mis l'Italie en contact avec la Grèce et sa civilisation.

---

(1) Saumaise, *De fœnore trapezitico* ; — *De modo usurarum*, pag. 93.

CHAPITRE II.

Du Taux de l'Intérêt dans la législation romaine.

I.

ÉPOQUE PRIMITIVE, LOI DES DOUZE TABLES.

Il ne paraît pas qu'aux origines de Rome le taux de l'intérêt ait reçu une limitation; mais la liberté, qui était pour la société grecque une source de prospérité et de bien-être, devait bientôt engendrer à Rome des calamités sans nombre, et provoquer les troubles et les révolutions qui ensanglantèrent la première partie de son histoire.

Il n'y a pas lieu d'être surpris qu'à la même époque et à une si courte distance, une même cause ait pu produire des effets si divers. Bien différente était la configuration des deux pays, bien différent était le génie des deux races. Placée à égale distance de Tyr, de l'Egypte, de Carthage, seuls entrepôts du commerce d'alors, la Grèce était destinée par sa situation, à devenir le champ des plus florissantes entreprises. Son immense étendue de côtes, ses innombrables îles, lui fournissaient en abondance et les hommes pour équiper ses vaisseaux, et les ports pour les recevoir ; tandis que les richesses de ses colonies d'Asie suffisaient à alimenter leur trafic.

Là on honorait le commerce et les entreprises hardies ; ces entreprises rapportaient de gros bénéfices et jamais on n'achetait trop cher les moyens de les réaliser. Les gros intérêts n'effrayaient ni n'épuisaient le commerce, parce que plus gros encore étaient les profits.

Les capitaux mis ainsi au service de l'activité productirice facilitaient son développement, et le bien-être général en résultait.

A Rome, c'était tout autre chose ; les Romains étaient, à l'origine surtout, un peuple d'agriculteurs et de soldats ; chez eux pas de ports, pas de marine, pas de commerce ; l'agriculture suffisait à la modicité de leurs besoins ; l'expérience a démontré que c'est assez pour la terre de nourrir celui qui la remue ; il ne faut pas lui demander davantage. Ils ne le comprirent pas. Quand la guerre groupait tous les hommes valides autour des aigles, chacun, en quittant la charrue, devait subvenir aux frais de son équipement et laisser du pain au foyer. La charge était lourde ! Le plébéien était pauvre, il empruntait ; il escomptait sa part du butin à partager après la victoire ; souvent la campagne se prolongeait, les dernières ressources s'épuisaient, la famille souffrait ; il empruntait encore, il empruntait toujours. Il allait trouver le patricien, le seul homme riche dans la cité ; il n'avait pas de garantie, il empruntait sur une espérance ; on lui prêtait à intérêts très lourds : le capital grossissait, et, si la guerre était malheureuse, s'il ne rapportait pas le butin promis, il rentrait au pays ruiné ; il subissait la loi du plus fort, il cessait de s'appartenir à lui-même ; il devenait une chose que l'on peut vendre et dont on se partage les lambeaux. Il était *nexus* ou *addictus*. C'est que la vieille Rome avait des moyens d'exécution terribles, dont les obscurités de l'histoire ne sont pas parvenues à nous cacher l'atrocité. Ces moyens résultaient tantôt du contrat lui-même, comme quand il y avait *nexum*, tantôt de la décision du magistrat, comme dans le cas d'*addictio*. L'étude du *nexum* et de l'*addictio* n'est pas à faire ici, mais nous ne pouvons nous abstenir d'esquisser leurs effets, car ce sont ces effets redoutables qui ont montré aux législateurs la nécessité de protéger le peuple contre les grands et contre lui-même.

Le *nexum* était la forme solennelle primitive des contrats. Varron le définissait d'après Mamilius : *Omnia quod per œs et librum geritur* (1). Festus et Cicéron (2) en donnent des définitions analogues. C'est à peu près tout ce que nous savons de la formation du *nexum*. L'opinion générale veut y voir aujourd'hui un acte solennel en présence de six témoins et d'un *libripens pontifex*, acte susceptible de donner naissance à des contrats de nature diverse et dont la portée particulière aurait été déterminée par une déclaration des parties appelées *nuncupatio*. Le *nexum* ne saurait être dès lors que l'ancêtre de la stipulation ; comme elle, pour emprunter une comparaison bien connue, ce serait un moule pour plusieurs contrats différents. Le *nexum* pouvait ainsi donner naissance tout à la fois à une mutation de propriété, *nexi datio ;* ou à une obligation, *nexi obligatio* ; ou à une libération, *nexi liberatio*. Mais on a réservé plus spécialement le nom de *nexum* à la *nexi obligatio*, et les *nexi* sont les débiteurs dont la dette a le *nexum* pour origine.

Ce mode de formation des contrats offrait aux prêteurs des garanties trop sûres pour qu'ils aient négligé souvent d'y avoir recours, et, sans être trop hardi, on peut supposer que tous les emprunteurs de sommes un peu importantes, avec ou sans promesse d'intérêts, étaient *nexi*.

(1) Varron, *De ling. lat.* VII, § 105, p. 161.
(2) Cicéron, *De orat.* III, § 40.

Quelle était donc la condition du *nexus?* Cette question, qui a fourni à M. Charles Giraud le sujet d'une savante étude, n'est pas de celles que la science est parvenue à élucider entièrement. Nous indiquerons rapidement les solutions qui, jusqu'ici, ont pu être dégagées : le débiteur *nexus* ne payant pas à l'échéance, que se passait-il ? On peut supposer qu'il fallait alors lui faire une sorte de sommation, peut-être même une *denunciatio* devant les témoins de l'acte ; s'il ne pouvait payer immédiatement, on lui accordait probablement encore un délai de trente jours. Ces hypothèses, que l'analogie entre la situation du *nexus* et celle du *judicatus* et de l'*addictus* rend vraisemblables, paraissent trouver une confirmation dans certains ouvrages littéraires (1).

Quoiqu'il en soit de l'existence de ces délais, il arrivait un jour où le débiteur se trouvait soumis à la *manus-injectio* et à l'*abductio* du créancier.

Le *nexum* portait en lui-même sa force exécutoire et le créancier *ex nexo* pouvait agir seul, sans autorisation préalable de la justice et sans intervention du magistrat.

Le moyen, pour le débiteur, de se soustraire à cette exécution était de se procurer l'argent pour payer ; peut-être aussi pouvait-il, mais ce n'est ici qu'une conjecture, éviter la *manus-injectio* en offrant un *vindex* comme dans le cas où il était *in jus vocatus*. Mais alors le *vindex* prenait sa place et l'exécution commencée contre le débiteur se poursuivait contre lui.

Le créancier emmenait le *nexus* à son domicile, *in carcere privato*. Ainsi retenu, il conservait bien la plénitude des droits politiques, il était toujours apte à servir dans les légions et à voter au forum; mais l'exercice de ces droits était paralysé et rendu illusoire par le *jus retinendi* qu'avait son créancier.

(1) Denys d'Halic : VI, 83.

Dans la prison domestique, il était suivant les cas, libre ou enchainé. Tite-Live, nous parle de *nexi vincti solutique* (1), et c'est une question de savoir si cette différence dans le traitement n'était pas l'indice d'une différence dans la condition. Peut-être les *nexi soluti* conservaient-ils leur *existimatio* complète, à la différence des *nexi vincti* qui la perdait. On ne peut se livrer sur ce point qu'a des conjectures.

En droit le *nexum* par lui-même n'entraînait pas pour le créancier le droit d'astreindre les *nexi* à un travail corporel, *operœ fabriles*. Mais la promesse des *operœ fabriles* était licite dans la *nuncupatio* du *nexum ;* en fait, elle s'y rencontrait toujours et c'est ainsi que dans la primitive Rome le débiteur qui ne s'acquittait pas, tombait par la seule force de ses engagements dans une condition à peu près semblable à celle des esclaves.

Plus triste était encore s'il est possible le sort dé l'*addictus*. C'était le débiteur approprié au créancier non plus par le contrat lui-même, mais par l'autorité publique. Le condamné, *judicatus*, ou celui qui avouait sa dette en justice, *confessus* avait encore pour payer un délai de trente jours. Ce délai expiré, il pouvait être appréhendé et conduit devant le magistrat. Le débiteur sans ressource qui ne trouvait pas un ami pour prendre la dette à sa charge, *vindex*, était livré au créancier qui pouvait l'emprisonner et le mettre aux fers. Cependant tout n'était pas fini pour lui, son sort pouvait exciter la compassion de ses proches, il pouvait avoir lui-même des ressources cachées, le paiement pouvait intervenir encore dans les soixante jours ; dans ce cas il était libre. Mais quand depuis son *abductio* les soixante jours s'étaient écoulés, le créancier le conduisait encore devant le magistrat, l'*addictio* était prononcée,

(1) Tite-Live II, 24.

il était trop tard. Il tombait sous la puissance du créancier qui pouvait à son gré le mettre à mort, le vendre à l'étranger comme esclave, *trans Tiberim*, ou le garder pour son service.

On admet généralement que ces règles du droit primitif s'appliquaient au *nexus* comme à l'*addictus*. L'adoucissement des mœurs, conséquence nécessaire d'une civilisation plus avancée, devait atténuer plus tard la condition de l'un et de l'autre. Ces lois terribles que les douze tables nous ont conservées, devaient vraisemblablement remonter aux origines de Rome, les décemvirs n'ont fait sans doute que les reproduire. Il était nécessaire de les découvrir dans toute leur horreur pour expliquer les tempêtes qu'elles devaient amonceler. La situation des débiteurs insolvables, était telle, qu'il était du plus haut intérêt pour la république de ne pas laisser s'accroître leur nombre; pour cela surtout, il fallait garantir le peuple contre de fallacieuses espérances, il fallait l'empêcher de promettre des intérêts qu'il serait fatalement dans l'impossibilité de servir.

Ce furent ces considérations qui, pour la première fois amenèrent le législateur à la limitation du taux de l'intérêt.

II.

DU TAUX DE L'INTÉRÊT SOUS LA LÉGISLATION DES DOUZE TABLES.

Quel est le premier texte législatif qui défendit de prêter au-delà d'un certain taux. Ce point d'histoire a été controversé malgré le témoignage de Tacite qu'il nous semble difficile de démentir.

L'auteur des Annales nous dit de la manière la plus précise que cette innovation remonte à la loi des Douze Tables : « .... *Primo* XII *tab. sanctum, ne quis unciario fœnore amplius exerceret* » (1). Caton n'est pas moins explicite : « *Tabulæ XII posuerunt furem duplo condemnari, fœneratorem quadruplo.* » La prohibition a dû nécessairement précéder la peine

Juste Lipse et plus tard Montesquieu n'ont pas craint de s'insurger contre ces autorités. Ils se débarassent tous les deux des témoignages précités en les arguant d'erreur ; et tandis que le premier ne fait remonter la prohibition qu'à une loi *Genucia*, rendue en l'année 412 ; l'autre veut bien reconnaître qu'elle commença en l'année 398 avec une loi rendue sur la proposition des tribuns Diulius et Mœnius.

Ces deux opinions sont sans fondement, la loi *Genucia* dont Tite-Live nous parle au rapport d'historiens qui ne paraissent lui inspirer qu'une médiocre confiance aurait été rendue *ne fœnerari liceret* (2) ; elle aurait donc supprimé le prêt à intérêt au lieu de le règlementer ; et si elle fut jamais édictée elle n'eut qu'une existence éphémère, quant à la loi *Duilia* elle aurait été faite d'après Tite-Live *de unciario fœnore* (3) ; mais elle ne fit sans doute que règlementer ou remettre en vigueur les dispositions de la loi des Douze Tables, contre lesquelles s'insurgeait la cupidité des patriciens. Rien n'autorise à repousser les assertions de Tacite et de Caton ; ils avaient sous les yeux le texte même des décemvirs et en connaissaient sans doute par cœur les dispositions. La loi des Douze Tables limita donc le taux de l'intérêt. Le taux maximum fut l'*unciarium fœnus*. C'est l'expression de Tacite ; quel en est le véritable sens ? Cette question a soulevé les plus ardentes controverses.

(1) Tacit. *ann.* VI, ch. 16.
(2) Tit.-Liv. VII, 42.
(3) Tit.-Liv. VII, 16.

L'intérêt était d'une once, l'once était une monnaie qui représentait un douzième de l'as. Voilà ce que nous savons. Quel était le capital fictif dont l'once représentait l'intérêt, quel était le laps de temps requis pour faire échoir cet intérêt? Voilà ce que nous ne savons pas; ce que nous sommes réduits à supposer.

Notre ignorance porte tout à la fois sur le dénominateur de la fraction dont une once est le numérateur et sur le temps requis pour l'échéance de l'intérêt. De là deux grandes branches d'hypothèses.

Sur la question de savoir, quel est le capital fictif qui produisait une once d'intérêt, les érudits se divisent en deux camps; pour les uns ce capital est l'as, l'étalon monétaire, l'unité dont l'once n'est que la fraction, pour eux l'unciarium fœnus est l'intérêt d'une once par as, soit un douzième; d'autres veulent que le capital, second terme du rapport que nous cherchons, ce qu'en mathématiques on nomme le petit capital, *c*, soit le nombre cent. Dans cette opinition l'*unciarium fœnus* serait le un pour cent. Au bout de quel délai l'intérêt était-il dû? sur cette dernière question les deux écoles se subdivisent encore en deux autres. Les uns disent au bout d'un mois, les autres répondent au bout d'un an; il y a donc en réalité quatre sectes qui sont d'autant plus éloignées de désarmer qu'aucune d'elles ne peut invoquer d'autorité décisive. Sans prendre parti pour aucune, nous en exposerons les raisons de toutes. Cette question est de celles où le doute est la seule solution vraiment acceptable.

Les deux opinions qui prennent le chiffre de cent onces comme type du capital ont des arguments communs tirés de la grammaire et de l'histoire. C'était une habitude universelle à Rome de calculer les intérêts, à raison de tant pour cent et aucun texte législatif ou littéraire n'autorise à supposer, qu'à une époque quelconque, on ait eu recours à un procédé différent. Cette coutume a enrichi la langue latine d'une foule d'expressions techniques, qui toutes se réfèrent au calcul de l'intérêt à tant pour cent. C'est ainsi que *deunces usurœ* signifie onze pour cent ; *dextantes* ou *decunces*, intérêts de dix onces pour cent ; *dodrantes* ou *nonunciœ*, neuf pour cent ; *besses*, les deux tiers de l'as ou huit onces pour cent ; *septunces*, sept pour cent, *semisses*, la moitié d'un as ou six pour cent ; *quinqunces*, cinq onces pour cent ; *trientes*, le tiers de l'as ou quatre onces pour cent; enfin la *centesima usura* désignait le un pour cent. Les Romains connaissaient bien le calcul a tant pour cent et ils n'en connaissaient pas d'autre car à côté de cette riche variété d'expressions se référant à ce mode de calcul, il n'en existait aucune ayant trait à un mode différent.

Tacite nous donne le numérateur ; l'histoire et la philologie le dénominateur ; la fraction est déterminée ; l'intérêt onciaire est le un pour cent. Ainsi conclut la première école. Mais voici où commencent les divergences.

L'unciarium fœnus d'après une première opinion serait le un pour cent par mois (1). C'était, dit-on, une habitude romaine de régler les intérêts tous les mois aux Calendes, époques pleines d'angoisses pour les débiteurs.

Nisi cum tristes misero venere Kalendœ (2).

Si le retour du mois était l'époque du règlement, le mois devait être aussi la base du calcul. C'est ce que la langue des textes nous prouve (3) *Centesima usura* voulait dire un pour cent par mois, *dimidiam, quartam partem centesimœ* 1/2, 1/4 pour cent par mois.

(1) Scaliger, *Notes sur Festus* v° *unciara*. — Pellat *Texte sur la Dot*, p. 32. — Laferrière *Histoire du droit civil*, I; p. 153.

(2) Horace, liv. 1 sat. 3.

(3) Paul, liv. 17, § 8, D *de usuris et fructibus* XXII. 1, — Papinien, liv. 4, § 1 D *de nautico fœnore* XXII. 2.

L'unciarium fœnus n'était donc autre chose que la *centesima usura.* Quand au temps de Cicéron un senatusconsulte fixa l'intérêt maximum à la *centesima usura* il ne fit que remettre en vigueur les dispositions de la loi des Douze Tables et c'est ce qui explique pourquoi les textes donnent à la *centesime* la qualification de *legitima* réservée à la législation des décemvirs.

Quoi de plus conforme aux données de l'histoire, que de voir ce peuple observateur religieux des règles du passé, revenir à la pratique d'une loi pour laquelle il eut toujours le plus scrupuleux respect.

Dans une seconde opinion dont Saumaise s'est fait le défenseur et qui a recueilli les plus nombreuses adhésions, l'*unciarium fœnus* de Tacite serait l'intérêt d'une once pour cent par an (1).

Ce système d'accord avec le précédent pour la détermination du capital supposé est en désacord avec lui sur l'unité de temps qui doit servir au calcul des intérêts. Voici son argumentation ;

En supposant, ce qui n'est pas établi, qu'à l'époque reculée des Douze Tables, le paiement des intérêts se fît par mois, il ne faudrait rien en inférer quant à leur calcul; et si dans trois mille ans, on venait à découvrir certains passages littéraires attestant, que le paiement des intérêts des rentes cinq pour cent avait lieu de nos jours, par trimestre, les érudits auraient grand tort d'en conclure, que le taux était de vingt pour cent par an.

En argumentant à Rome des époques de paiement pour

(1) Balduinus *ad legem* XII *tabul* — Hotomannus *de usuris* C VII. — Sigonius *de antico jure romano,* II. II, — Heineccius, *antiquit, romanæ.* III, 15 et 29. — Dumoulin, *Tratt. Contrac. usur. et redit. Quæstio* 1ª n° 41. — Saumaise, *de modo usarum,* p. 289. — Pothier, *Pandectæ Justinianeæ.* — Montesquieu, *Esprit des lois,* XXII, 22.

2

déterminer le calcul des intérêts, nos savants ne sont pas plus sages. Nous ne disons pas que les Romains n'aient jamais connu le calcul par mois ; il est incontestable que les *centesimœ usurœ* s'y réfèrent ; mais cette expression et l'usage qu'elle exprime ne s'introduisirent qu'avec les habitudes des Grecs, après que Rome eût conquis la Grèce par la force, et que la Grèce l'eût conquise, à son tour, par sa civilisation. Ce qui le prouve, c'est qu'à côté des expressions *centesimœ usurœ, dimidiœ partes centesimœ*, etc., dont on se sert pour désigner le calcul par mois, il existe tout une série de termes qui impliquent au contraire le calcul par an, et ces termes sont précisément ceux qui empruntent à l'as et aux divisions de l'as leur détermination. Ainsi *semisses usurœ*, signifie la moitié de l'as par an, *trientes*, veut dire le tiers de l'as par an, *Nonunciœ*, neuf onces par an, *septunces*, sept onces par an, etc. : il n'y a aucun doute sur ce point (1). Or c'est précisément l'once fraction de l'as qui détermine l'intérêt de la loi des Douze Tables ; c'est donc par an qu'il faut le calculer. Si dans la même langue *septunciarium fœnus* veut dire sept ou huit pour cent par an il n'est pas possible qu'*unciarium fœnus* signifie un pour cent par mois.

Ce raisonnement paraît irrésistible, au point de vue grammatical tout au moins, mais si on en adopte les conclusions l'histoire romaine devient une énigme. Après la loi des Douze Tables les débiteurs se plaignent toujours, leur situation lamentable est un ferment continuel de séditions, et pour adoucir leur sort on est encore obligé de réduire le taux de moitié ; jamais on ne s'expliquera que

(1) Modestin, L. 10. D. *de pollicitationibus*, L, 12. — Ulpien, L. 5 : D. *de operibus publicis*. L, 10. — Ulpien L. 7. D. *de administratione tutorum* XXVI, 7. — Cicéron à Quintus II, 15; à Atticus IV, 15, etc.

des intérêts à un pour cent aient pu engendrer de telles conséquences.

Restent deux autres systèmes qui refusent l'un et l'autre de voir dans le nombre cent le capital type qui doit déterminer la valeur de l'intérêt onciaire et prétendent le trouver dans l'as, unité monétaire dont l'once est une division. Voici comment ils combattent les deux opinions qui viennent d'être examinées.

L'habitude de calculer les intérêts à tant pour cent n'existait pas au temps des Douze Tables ; et si elle s'implanta à Rome comme bien d'autres à une époque qu'on ne peut plus préciser, c'est en Grèce qu'elle prit naissance ; les premiers Romains ne l'avaient pas même soupçonnée. En Grèce, nous l'avons vu, ce calcul résultait de la nature des choses ; l'unité monétaire était la mine qui valait cent drachmes ; on se demandait combien chaque mine produisait de drachmes, c'est-à-dire, combien on devait recevoir de drachmes pour cent.

A Rome par une marche semblable on devait arriver à un calcul différent. L'unité monétaire était l'as qui valait douze onces, le prêteur était naturellement conduit à stipuler un certain nombre d'onces pour chaque as prêté ; on devait l'intérêt à raison de tant d'onces par as ; on obtenait ainsi une fraction dont le dénominateur était douze ; l'intérêt était d'un douzième, deux douzièmes, etc... Voilà ce qui devait infailliblement se produire ; voilà donc ce qui se produisait. Rien dans la littérature ni dans l'histoire n'infirme la rigueur de cette déduction.

Ce n'est pas par le rapprochement d'expressions usitées au temps de César qu'il faut déterminer le sens de l'*unciarium fœnus* des décemvirs. On sait les transformations que subit une langue en plusieurs siècles, et la grammaire n'a rien à voir dans le problème qui nous occupe. *Semissales usuræ* pouvait vouloir dire six pour cent dans la langue de

Modestin (1). *Septunces* signifiait peut-être sept onces pour cent dans les écrits de Cicéron ; à cette époque l'intérêt, nul ne le conteste, se calculait à tant pour cent ; mais cela ne prouve pas qu'*unciarium fœnus* signifie une once pour cent dans la langue des Douze Tables ; rien ne démontre que les anciens Romains connussent le calcul à tant pour cent, tandis que tout fait présumer le contraire. A défaut de démonstration directe ces présomptions doivent faire preuve.

L'intérêt était donc déterminé par les fractions de douze ; mais quel était le laps de temps requis pour le faire échoir ? Nouveau désaccord. Le mois, disent les uns ; l'année, répondent les autres. Ecoutons les deux opinions.

La première est de Coquille (2), assez en crédit au seizième siècle ; elle ne trouve plus aujourd'hui de défenseur. Il n'y a pas lieu d'en être surpris. Elle n'invoque aucune bonne raison et heurte violemment la logique. Nous ne la discuterons pas. Que l'as ait pu produire une once par mois ou un as par an ; en d'autres termes, que le taux minimum de la loi des Douze Tables ait été de cent pour cent, voilà qui est absolument inadmissible. Un semblable taux, qu'une civilisation très avancée serait impuissante à expliquer, quand il se réfère à l'état économique de la vieille Rome, devient une absurdité.

La seconde opinion est bien plus sérieuse. Pour elle, l'*unciarium fœnus* serait un douzième du capital, non plus par mois, mais par an. Le calcul par an donne seul des conséquences acceptables, et le taux d'un douzième par an n'a rien d'excessif. C'est ce système qui rallie aujourd'hui

(1) L. 10 Dig. *de pollicit.* L. 12.

(2) Coquille, sur la *Coutume de Nivernais*. Tit. des cheptels, 21, art. 15. D'après des renvois dont nous n'avons pu vérifier l'exactitude, cette opinion aurait été soutenue également par Accurse et Jacques Godefroy.

les plus nombreux partisans, à la tête desquels il faut placer l'illustre Niébuhr (1).

Le calcul par mois, disent-ils, est d'importation grecque; appliqué à l'intérêt d'un douzième, il produit des résultats qui, à eux seuls, suffisent à le faire écarter.

Les textes concordent d'ailleurs avec ces conclusions. Deux fragments des règles d'Ulpien, sur les *retentiones dotis*, fournissent un argument qui n'est pas sans force. Le jurisconsulte nous y apprend qu'on faisait une retenue d'un sixième sur la dot d'une femme coupable de faute grave, d'adultère par exemple; d'un huitième seulement, en cas de faute légère. Le mari qui avait des torts envers sa femme encourrait aussi des pénalités. Voici en quoi elles consistaient : tandis qu'en droit commun il restituait la dot en trois ans et par tiers, il était, en cas de faute grave, astreint à la restituer de suite; en cas de faute légère, à la restituer *senum mensum die*, nous dit Ulpien. Nous rechercherons plus bas le sens de ces expressions. Telle était la situation respective du mari et de la femme coupables; voici maintenant l'argument qu'elle fournit au système de Niébuhr :

Il est logique et il est juste que les deux époux soient traités de la même manière; il est probable, par conséquent, que le législateur a voulu infliger au mari et à la femme un châtiment semblable; en d'autres termes, il faut supposer que le mari, par la restitution anticipée, éprouvera un préjudice analogue à celui que les retenues font subir à la femme.

C'est précisément ce qui se produit, si l'on fixe l'intérêt au taux d'un douzième de l'as.

(1) Niébuhr, *Hist. rom.*, t. v, p. 80. — Troplong, *Traité du prêt.* — Ortolan, *Traité élémentaire de droit romain*, t. II, p. 90, et presque tous les commentateurs modernes.

En cas de faute grave, la femme perd un sixième de la dot ; le mari la restitue immédiatement ; la peine est la même.

En effet, s'il eût été innocent, le mari aurait payé la dot en trois ans, par tiers ; en restituant immédiatement, il perd, pour la première année, l'intérêt annuel de la dot entière ; pour la seconde année, l'intérêt des deux tiers de la dot ; pour la troisième année, l'intérêt d'un tiers ; soit, pour les deux dernières années, l'intérêt de trois tiers de la dot, c'est-à-dire un an d'intérêt de la dot entière. La perte qu'il éprouve est donc, en tout, de deux années d'intérêt.

Si on admet que l'intérêt annuel est d'un douzième, l'intérêt de deux ans sera de deux douzièmes, ou mieux d'un sixième ; c'est le chiffre de la retenue infligée à la femme. Des chiffres rendront le raisonnement plus tangible : la première année, le mari innocent garde la dot tout entière ; le mari coupable, en restituant, perd 1/12e de la dot. La seconde année, le mari innocent conserve les deux tiers de la dot ; le mari coupable perdra l'intérêt des deux tiers, soit, 1/12e des 2/3 de la dot, soit 3/36e. La troisième année, l'époux innocent conserve 1/3 de la dot ; l'époux coupable perd l'intérêt, c'est-à-dire 1/12e d' 1/3 de la dot, soit 1/36e.

Un douzième ou 3/36e pour la première année, 2/36e pour la seconde, 1/36e pour la troisième, font en tout 6/36e ; pour réduire cette fraction, il suffit d'en diviser les deux termes par 6 : on obtient 1/6e.

Si nous passons aux déchéances encourues en cas de faute légère, la concordance se maintient. La femme dans cette hypothèse perd un huitième de la dot, le mari doit la restituer nous dit Ulpien ; *Senum mensum die* ce qui veut dire mot à mot au terme de six mois. L'expression est amphibologique on l'interprète diversement. Nieburh veut qu'elle signifie de six mois en six mois, c'est-à-dire que le mari restitue immédiatement le premier tiers, au bout de six mois le second et d'un an le troisième. Shrader interprétait la pensée d'Ulpien en ce sens que le mari aurait un délai de six mois pour restituer la dot entière.

Quelle qu'on adopte de ces explications, la perte du mari est d'un huitième comme la retenue de la femme ; le démontrer est chose facile.

Si on admet avec Niebuhr que la restitution a lieu par tiers de six mois en six mois, le premier tiers payé immédiatement, il faut raisonner ainsi : Si le mari avait eu trois ans pour restituer, la première année il aurait profité pendant un an de l'intérêt de la dot entière, mais au lieu de restituer le premier tiers au bout d'un an, il le restitue immédiatement, il perd donc pour un an l'intérêt de la dot, c'est-à-dire un douzième. La seconde année il aurait bénéficié de l'intérêt annuel des deux tiers de la dot ; en effectuant le remboursement du deuxième tiers après six mois, il perd six mois de jouissance, c'est-à-dire la moitié de l'intérêt des deux tiers de la dot.

La troisième année il aurait eu la jouissance d'un tiers de la dot ; au lieu de conserver ce tiers un an, il ne le conserve plus que six mois il perd donc la moitié de l'intérêt du tiers.

Ainsi, il perd sur les deux derniers termes la moitié de l'intérêt de trois tiers de la dot, c'est-à-dire de la dot entière. L'intérêt annuel de la dot étant 1/12 la moitié de cet intérêt sera 1/24. Sur le premier terme nous avons vu qu'il perdait par la restitution immédiate 1/12e ou 2/24e, il perd en tout 3/24e ou mieux 1/8e de la dot.

Passons au système de Shrader (1) :

Pour lui le mari devait restituer la dot entière après six mois. S'il avait eu trois ans pour restituer il aurait retenu

(1) Dans Hugo, *Civilist. Magazin*, v.

la dot entière une année ; en la restituant au bout de six mois, il perd la moitié de l'intérêt d'une année, soit 1/24e. Il aurait profité la seconde année de l'intérêt des deux tiers de la dot et la troisième d'un tiers de la dot en tout de trois tiers de la dot, soit l'intérêt de la dot entière 1/12e ou 2/24e. Il perd donc en tout 3/24e et en simplifiant 1/8e.

L'égalité du mari et de la femme se maintient.

On voit combien cet argument est ingénieux ; et ce n'est peut être pas le moindre reproche qu'il faut lui faire. Il suppose admis que les premiers Romains rêvaient entre l'homme et la femme, l'égalité civile et pénale, ce qui n'est rien moins que démontré, et il interprète les mots *senum mensum die* du texte d'Ulpien, contrairement à leur sens probable. Le mari coupable de faute légère restituait sans doute la dot en trois paiements égaux avec terme de six mois pour chacun d'eux. Nieburh s'est tiré d'affaire en escamotant le premier terme sans que rien l'y autorisât.

Un texte de Festus fournit au système un argument plus fort : « *Unciaria lex dici cœpta est quam L. Sulla et L. Pompeius tulerunt, quâ sanctum est ut debitores decimam partem...* » Le reste manque. Nieburh comble cette lacune en ajoutant : « *Creditoribus solverent.* » La loi de Sylla d'après lui, aurait eu pour but d'obliger les débiteurs à payer un dixième du capital, et on l'appelait *unciaria* parce qu'elle n'aurait fait que rappeler les prescriptions de la loi des Douze Tables qui avait établi l'intérêt onciaire.

On ne voit pas au premier abord comment le paiement d'un dixième du capital se peut confondre avec l'intérêt du douzième. Voici par quelle argumentation on arrive à ce résultat. A l'origine, aux temps reculés de la loi des Douze Tables, les années étaient de dix mois ; quand le nombre des mois fut porté de dix à douze on dût augmenter l'intérêt annuel dans la même proportion ; dix mois d'intérêt équivalaient à 1/12e, un mois devait produire 1/120e et douze mois 12/120e, c'est-à-dire 1/10e. L'intérêt onciaire, primitivement d'un douzième était ainsi logiquement devenu d'un dixième par la transformation du calendrier.

Tel est l'argument. Il repose sur une restitution contestée ; rien ne prouve que la *lex unciaria* ait eu pour objet le taux de l'intérêt et que ce texte tronqué doive recevoir l'interprétation de Niebuhr. Pour les besoins de cette interprétation cet auteur suppose que l'année était de dix mois au temps des Douze Tables et ne craint pas de se mettre en contradiction avec des autorités considérables. Tite-Live et Florus font remonter à Numa la division de l'année en douze mois (1). Cette affirmation met à néant l'explication de Niebuhr, aussi plusieurs partisans de son système ont-ils lu *duodecimam* dans le texte de Festus afin d'éviter cet écueil ; quant à lui, il croît inutile de recourir à cet expédient.

Nous devons remarquer que si on admet le raisonnement de Niebuhr sur le texte de Festus on est obligé de renoncer à l'argument péniblement extrait des règles d'Ulpien que nous avons exposé tout à l'heure. Ces deux arguments sont en effet la négation l'un de l'autre. Nous ne supposons pas que les règles d'Ulpien aient été écrites aux temps reculés quels qu'ils soient, où l'on ne comptait que dix mois dans l'année ; ceci posé : on se rappelle que c'est par le calcul des intérêts au taux de 1/12e qu'on arrive à faire à l'homme et à la femme une condition semblable ; si on admet qu'avec l'année de douze mois l'intérêt était devenu d'un dixième, la similitude s'évanouit et tout l'échafaudage s'écroule. On ne peut donc songer à étayer le système de Niebuhr sur deux arguments, on ne peut invoquer l'un, sans sacrifier l'autre.

On le voit, aucun des quatre systèmes proposés n'est

(1) Tite-Live, I, 19 ; Florus, *Epitome*, I, ch. 2.

à l'abri des critiques ; connaîtra-t-on jamais la véritable valeur de l'*unciarium fœnus*? La science n'a peut-être pas dit son dernier mot ; mais en l'état l'opinion la plus rationnelle est de n'en pas avoir. Un pour cent pour les uns, douze pour cent pour les autres ; un douzième puis un dixième c'est-à-dire huit un tiers pour cent puis dix pour cent pour ceux-ci, un douzième par mois, c'est-à-dire cent pour cent pour ceux-là ; le taux de la loi des Douze Tables nous est absolument inconnu. Cependant s'il fallait à tout prix se prononcer, c'est le système de Saumaise que nous accepterions comme le plus probable. Il encourt le grave reproche de donner à l'intérêt un taux qui de nos jours paraît minime et d'expliquer difficilement les secousses qui boulevesèrent Rome ; du moins il trouve dans la langue des textes un argument dont on ne saurait logiquement contester la force. En vain objecte-t-on que la série d'expressions que nous avons relevées plus haut et le sens précis qu'on leur prête se réfèrent à une époque postérieure à la loi des Douze Tables. Les mots *unciarium fœnus* qu'on en rapproche ne se trouvent pas dans le texte de la loi, mais dans Tacite qui devait vraisemblablement écrire dans la langue de son temps ; si pour reproduire le texte même, Tacite avait fait usage de ces expressions dans un sens que ses contemporains ne connaissaient plus, il n'aurait pas manqué de le faire remarquer. Les termes *nonunciariæ usuræ* et *unciarium fœnus* sont quoiqu'on en ait dit contemporains, il est dès lors rationnel de supposer que l'*unciarium fœnus* était aux *nonunciariæ usuræ* comme 1 est à 9. On aurait mauvaise grâce à prétendre le contraire. L'objection que l'on fait à Saumaise et que nous avons signalée plus haut ne peut-elle pas recevoir une réponse satisfaisante ? Sans doute l'intérêt de 1 % paraît aujourd'hui très peu élevé et on a peine à comprendre qu'après la loi des Douze-Tables on ait senti la nécessité de l'abaisser encore ; mais ce qui dans notre civilisation et l'état actuel de nos mœurs serait difficilement explicable n'a rien de surprenant chez un peuple encore plongé dans la barbarie. Ce sont les grandes entreprises industrielles et commerciales qui font monter le prix de l'argent et permettent d'emprunter à gros intérêts sans courir à une perte inévitable. Dans la Rome primitive, pas d'industrie, pas de commerce ; on empruntait pour subvenir aux nécessités de la vie, on comptait sur le produit du travail des champs pour rembourser le capital, c'était déjà une charge trop lourde, qu'un intérêt si minime qu'il pût être, aggravait encore.

Si le nombre des débiteurs ne diminua pas, si leurs doléances agitèrent encore la république, il n'y a pas lieu d'en être surpris. Empruntant sans garanties et sans espérances, après comme avant la loi des Douze Tables ils payèrent mal ; soumis à une législation à demi sauvage ils se plaignirent et leurs lamentations rendues par la voix de leurs tribuns retentirent encore bien des fois sur le forum. En vain pour les apaiser réduisit-on l'intérêt au *semiunciarium fœnus*, ils se plaignirentencore. On abolit complètement l'intérêt, le remède si radical qu'il fût demeura impuissant, c'est que le mal dont souffrait la plèbe n'était pas tant dans la dette des intérêts que du capital lui-même. Le système de Saumaise n'est par conséquent pas aussi inadmissible que certains auteurs modernes l'ont prétendu.

Quoi qu'il en soit de cette controverse il est hors de doute que les décemvirs édictèrent un taux maximum et se prononcèrent ainsi contre la liberté absolue du commerce de l'argent que l'expérience venait de condamner.

Pour assurer le respect de ses dispositions la loi des Douze Tables décida que les usuriers qui emprunteraient au-dessus du taux légal seraient tenus de restituer au quadruple les intérêts indument perçus. (1) L'usurier était déjà plus sévèrement punis que le *fur non manifestus* et les édiles joignirent plus tard une amende à cette sanction déjà si rigoureuse (2). Mais les lois restèrent impuissantes contre les mœurs, l'avarice des uns et la misère des autres firent échec à toutes les prohibitions ; le mal ne cessa qu'avec sa véritable cause, quand les Romains, à bout de conquêtes, abandonnèrent le métier des armes pour le commerce et les entreprises fécondes.

III

DU TAUX DE L'INTÉRÊT DEPUIS LA LOI DES DOUZE TABLES JUSQU'A LA FIN DE LA RÉPUBLIQUE.

La loi des Douze Tables ne guérit pas Rome du mal qui la bouleversait ; nous l'avons vu, les dettes demeurèrent un continuel sujet de troubles ; les historiens ont fait l'intéressant récit des séditions qu'elles y provoquèrent, nous n'avons, nous, qu'à en étudier les résultats.

(1) Caton *de re rustica proëmium*.

(2) Tite-Live nous parle, à diverses reprises, de poursuites exercées contre les *fœneratores* (Lite-Live, VII, 28 ; X, 23 ; XXXV, 7) et nous trouvons mentionnée dans Gaius (*Comm.*, IV, § 3) une certaine loi *Marcia* qui permit, pour obtenir la restitution des intérêts exagérés par les prêteurs, de recourir à la *manus-injectio*. D'après Bonjean (*Traité des actions*, 2e édit., p. 136) il s'agirait ici d'une *manus-injectio pura* se distinguant par sa formule et par ses effets de la *manus-injectio judicati* et de la *manus-injectio pro judicato*. La partie saisie pouvait se dégager et plaider elle-même sa cause, tandis que dans les deux autres cas elle ne pouvait se dégager, devait fournir un *vindex* qui s'engageait à la défendre et à défaut de *vindex* était conduite en prison.

Le premier fut la loi *Licinia*.

En 387, C. Licinius Stolon et Tucius Sextius firent adopter leurs célèbres Rogations (1). Les intérêts perçus jusque là par les créanciers, furent imputés sur le capital qui, pour le surplus, devint lui-même remboursable, sans intérêts, en trois versements annuels. Cette loi ne disposait pas pour l'avenir, mais consacrait pour le passé une véritable injustice ; le créancier perdait son droit aux intérêts perçus ou non qu'il avait stipulés sous la protection des lois ; il ne pouvait même pas recouvrer sur-le-champ le capital dont il s'était dessaisi. Le peuple déchirait le titre qu'il avait souscrit ; c'était la banqueroute privée, proclamée et sanctionnée par la puissance publique.

Telle fut bien la portée de la loi Licinienne ; elle ne prescrivit pas, comme un auteur l'a affirmé (2), la déduction des intérêts excessifs, mais des intérêts légitimement convenus ; elle fut une mesure révolutionnaire et violente que la politique seule commanda. Il n'est pas rare de voir de pareilles mesures aggraver le mal qu'elles prétendaient guérir ; c'est ce qui se produisit alors : le peuple, libéré

(1) L'objet des Rogations liciniennes ne se restreignait pas au prêt à intérêt ; c'était, au contraire, un ensemble de réformes dont la question des dettes ne formait qu'une des faces. Dix fois réélus tribuns du peuple, Licinius Stolon et Lucius Sextius ne renoncèrent à formuler leurs Rogations que le jour où ils les eurent fait adopter. Les honneurs, l'*ager publicus* et les dettes, étaient les trois points qu'elles atteignaient. Les tribuns militaires furent supprimés, et l'un des deux consuls dut être élu dans les rangs des plébéiens. Nul ne put posséder plus de 500 *jugera* (126 hect.) de terres domaniales ; et sur celles reprises par l'Etat, on dut distribuer 7 *jugera* (1 hect. 76 ares) à chaque citoyen pauvre. Les concessionnaires d'une fraction de l'*ager publicus* furent astreints à payer une redevance annuelle ; enfin, nul ne put envoyer dans les pâturages domaniaux plus de 100 têtes de gros bétail, et plus de 500 de petit.

(2) Vertot, t. 2, p. 668.

de la dette des intérêts, mais toujours astreint au payement du capital, demeura à la merci des créanciers patriciens; quand il voulut obtenir des délais ou emprunter encore, on lui imposa des intérêts très lourds, compensation des chances de perte qu'une banqueroute législative pouvait de nouveau faire courir; et les dettes s'aggravèrent encore! On s'écarta du taux de la loi des Douze Tables, jusqu'alors respecté, et dix ans après la loi licinienne, il fallut remettre en vigueur les dispositions des décemvirs. Ce fut l'objet d'une loi *Duilia*, dont nous avons parlé plus haut. C'est dans cette loi, rendue en 398, sur la proposition des tribuns Duilius et Mænius, que Montesquieu, on se le rappelle, prétendit trouver la première restriction à la liberté du taux; elle ne fit, au contraire, que rajeunir des dispositions vieillies (1).

On ne devait pas s'arrêter là. En 408, une nouvelle loi, en abaissant l'intérêt permis au *semi-unciarum fœnus*, réduisait de moitié le taux maximum des Douze Tables; trois ans après, le tribun Genucius faisait proscrire le prêt à intérêt lui-même. Ce fut une mesure si radicale, qu'on en a contesté l'existence. Tite-Live a quelques doutes (2), mais Tacite n'en a aucun (3). Qu'elle ait été promulguée ou non, la loi *Genucia* n'eut qu'une existence éphémère; il n'est pas besoin d'aller bien loin en chercher la preuve.

(1) Sous le consulat de Valerius et de Marcius Rutilus, cinq commissaires, que Tite-Live désigne sous le nom de *quinque viri mensarii*, établirent, au nom du gouvernement, une banque qui prêta à un très faible intérêt; ils furent chargés aussi de déterminer le prix auquel les terres et les troupeaux pourraient être donnés en remboursement des emprunts. On ne sait pas ce que devint, par la suite, l'institution des *quinque viri mensarii*, peut-être même leur mission n'eut-elle qu'un caractère passager (Tite-Live, VII, 21).

(2) Tite-Live, VII, 42.

(3) Tacite, *Annal.* VI, 16.

Denys d'Halicarnasse nous la donne dans une émouvante histoire. Un jeune Romain qui voulait faire célébrer les funérailles de son père, fut réduit à emprunter à intérêt : « *fœnerari accipere* » (1). Il comptait sur sa famille pour le libérer de ses engagements, mais personne ne vint à son aide ; il devint *nexus*. Il était jeune et beau ; son créancier voulait en faire l'instrument d'une passion exécrable ; le peuple intervint, le créancier fut décapité, le *nexum* fut aboli. Ce progrès fut accompli par une loi *Pœtelia*.

Cette loi, que l'on emplace généralement vers l'année 429 de la fondation de Rome, nous est très imparfaitement connue dans ses dispositions ; mais son existence est hors de doute, plusieurs ouvrages littéraires nous en ont gardé le souvenir. « *Propter unius libidinem omnia nexa civium liberata, nectierque postea desitum,* » nous dit Cicéron, en faisant allusion à l'attentat du créancier Papirius sur son débiteur Publilius. Varron est plus explicite ; après avoir défini le *nexum*, il nous dit : « *Hoc C. Poplilio auctore Visolo (Pœtelio) dictatore sublatum ne fieret et omnes qui bonam copiam jurarunt ne essent nexi dissoluti* (2). » Enfin Tite-Live, après avoir fait le récit des faits, ajoute : « *Victum eo die ab impotentem injuriam unius ingens vinculum fidei : jussique consules ferre ad populum ne quis nisi qui noxam meruisset donec pœnam lueret, in compedibus aut in nervo teneretur. Pecuniœ creditœ bona debitoris, non corpus obnoxium esset. Ita nexi soluti : cautumque in posterum ne necterentur* (3). » C'est tout ce que nous savons de la loi Pætelia. Avec d'aussi pauvres documents, il est impossible, aujourd'hui, d'en présenter la théorie complète ; les érudits n'ont pas entrepris cette tâche, mais se sont

(1) Denys d'Halic. *De virtutibus et vitiis*, 462.
(2) Varron, *De ling. latin.*, VII, § 105.
(3) Tit.-Liv., VIII, 28.

attachés à dégager, des passages cités plus haut, les lignes caractéristiques de cet important monument législatif. Est-ce bien le *nexum* lui-même, le contrat *per æs et libram*, qui fut aboli. N'est-ce pas plutôt comme le pense M. Charles Giraud, l'exécution personnelle à laquelle ce contrat donnait naissance? Qu'importe! Ce qu'il est utile pour nous de retenir, c'est qu'avec la loi Pætelia disparut le droit d'exiger des débiteurs la prestation des *operæ;* la conséquence capitale du *nexum* s'évanouit; le contrat de *nexum* subsista peut-être, mais il n'y eut plus de *nexi*, de citoyens retenus pour dettes, dans une situation comparable à celle des esclaves; et si la loi ne proscrivit pas directement l'usage de la balance et de l'airain dans les transactions, elle l'abolit implicitement, en le rendant désormais superflu. Le *nexum*, avec ses formes compliquées, était condamné à disparaître, le jour où il perdrait les garanties barbares qui avaient jusque là consacré son règne. Quand il n'eut plus d'autres effets que ceux de la stipulation, la désuétude le supprima, et c'est avec raison que Tite-Live a pu dire : « *Victum eo die ab impotentem injuriam unius ingens vinculum fidei.* »

Telle ne fut pas l'unique conséquence de la loi Pætelia. Elle adoucit la condition de l'*addictus;* le *jus ducendi* du créancier sur son débiteur, put, avec l'autorisation du magistrat, continuer à s'exercer; mais les chaînes, les entraves, les violences de toute sorte, qui faisaient de l'*addictio* un véritable supplice, furent supprimées.

La loi Pætelia, par l'humanité de ses dispositions, fit plus pour la tranquillité de Rome, que n'avaient fait toutes les restrictions et toutes les prohibitions du taux de l'intérêt. En supprimant l'exécution personnelle directe, elle dissuada les patriciens d'engager leurs fonds chez des débiteurs insolvables; le nombre des dettes diminua, et si la cité ressentit encore quelques atteintes du mal qui l'avait tant de fois agitée, elle ne devait plus revoir la retraite du peuple sur le mont sacré, et les orages déchaînés par Manlius.

Revenons à la loi Genucia. Nous avons dit plus haut que cette loi avait voulu établir ce que le moyen âge, après elle, essaya vainement de réaliser : la proscription absolue du prêt à intérêt. Comme toutes les mesures extrêmes, elle resta lettre-morte ou tout au moins ne laissa, de son court passage, aucun vestige dans l'histoire des sociétés romaines. Les limitations du taux, seules, subsistèrent ; bâttues en brêche tous les jours, par l'avarice et par la ruse, elles restèrent impuissantes, elles aussi, à guérir les maux qui les avaient provoquées. L'usure se couvrit du masque de la loi, comme elle le fera toujours ; nous verrons plus tard les difficultés d'appréciation dans lesquelles les lois restrictives viennent se perdre, et le profit qu'en tirent les partisans de la liberté du taux.

A Rome, comme ailleurs, on s'ingénia à éluder ces lois ; plus qu'ailleurs, peut-être, puisque Plaute a pu dire qu'elles n'y conservaient pas plus longtemps leur force, que l'eau bouillante sa chaleur. Les Latins et les alliés n'étaient pas soumis à la législation romaine ; ils devinrent les intermédiaires de la fraude. Le prêteur romain faisait engager son débiteur envers un allié ou un Latin, véritable personne interposée, qui pouvait stipuler les intérêts les plus forts, et en faire bénéficier impunément son complice. Ce moyen était trop commode pour ne pas devenir d'un fréquent usage. Aussi Tite-Live nous apprend qu'en dépit de toutes les lois, l'usure minait la Société romaine. « *Civitas fœnore laborabat* » (1). C'est pour remédier à cette situation que fut portée la loi *Sempronia* (559).

Ce plébiscite dû à l'initiative du tribun Sempronius,

(1) Tite-Live, xxxv, 7.

astreignit les latins et les alliés à l'observation des lois romaines sur les dettes, moins d'un siècle plus tard, une loi *Gabinia* crut nécessaire de rendre ces mêmes lois applicables aux provinces. (635).

Ce ne sont pas les lois seules qui rendent prospère une nation; celles-ci il faut bien l'avouer restèrent impuissantes et leur multiplicité même demeurera la preuve de leur inanité. « *Corruptissimæ reipublicæ pessimæ leges.* » Le mal n'avait pas ses racines dans la législation, mais bien plutôt dans les conditions économiques où se trouvait la société d'alors, l'état perdit de vue sa mission, au lieu de s'en tenir à la protection et au libre développement des facultés de tous, il voulut s'ériger en censeur et en arbitre, les faveurs qu'il fit aux débiteurs se retournèrent contre eux, la modération des créanciers disparut avec la confiance et avec elle aussi furent entraînées toutes ces dispositions éphémères par lesquelles on avait prétendu endiguer leur rapacité.

Quand éclata la guerre civile entre Marius et Sylla toutes les vieilles défenses étaient oubliées, toutes les entraves étaient levées et les créanciers impitoyables poursuivaient au milieu de la misère universelle, le recouvrement d'intérêts excessifs. Le peuple gronda, les débiteurs demandèrent l'application des lois et quelques-uns réclamèrent l'action au quadruple des décemvirs. Il y avait alors à Rome un prêteur du nom d'Azelio. Il ne crut pas pouvoir refuser de délivrer la formule tout en signalant au juge la contradiction des textes avec les mœurs. Tous les créanciers étaient en faute, qu'allait-il advenir? Azelio fut assassiné (664), on supprima ce magistrat importun. « *Tollunt de medio.* » suivant l'image énergique d'Appien (1). Les

(1) Appien *de bellis civilibus,* li I, p. 193.

créanciers triomphaient. Les séditions se renouvelèrent bientôt et les doléances du peuple inquiétèrent encore le pouvoir. Sylla eut recours aux expédients révolutionnaires. Les débiteurs purent donner en paiement leurs immeubles pour la valeur qu'ils avaient avant la guerre civile. C'était implicitement réduire la dette, car les biens immobiliers avaient subi une importante dépréciation (1).

On ne s'en tint pas là, on altéra la valeur nominale de l'argent, comme on l'avait fait déjà pendant les guerres puniques. Après la première, l'as qui équivalait à douze onces de cuivre avait été réduit à deux, avec deux onces on avait pu se libérer d'une dette de douze, la créance s'était réduite des cinq sixièmes. Après la dernière, l'as ne valut plus qu'une once puis une demie once. C'est par une mesure analogue que Sylla voulut porter remède au malaise financier de la République. Les débiteurs furent autorisés à payer en monnaie de cuivre au lieu de le faire en monnaie d'argent; on se libéra d'un sesterce en payant un as. La dette fut ainsi réduite des trois quarts (665).

Il est aisé de comprendre que sous l'empire d'une législation aussi tourmentée, les prêteurs ne se contentèrent pas de l'intérêt modique permis par les vieilles lois. En pouvait-il être autrement? Exposé chaque jour à voir leur créance arbitrairement tronquée, ils devaient s'ils étaient sages stipuler des intérêts assez considérables pour compenser les incertitudes que leur montrait l'avenir.

En fait, à la fin de la République, la liberté de l'intérêt existait. Le taux courant suivait toutes les fluctuations de la richesse commune et de la politique. Nulle part le commerce de l'argent ne fut plus en honneur; c'est qu'au milieu de la démoralisation inouie où la République était descendue

(1) César *de bello civili*, li. III, 1.

tout se faisait par l'argent et pour l'argent. Les fonctions publiques étaient devenues des fermes que l'on exploitait par les exactions; on n'y cherchait pas la considération, mais la richesse et c'était aussi la richesse qui en ouvrait les portes.

La corruption était pratiquée du haut en bas de l'échelle sociale avec un dérèglement sans pareil; tout se vendait, justice, suffrages, honneurs publics. Rome était bien l'*urbs venalis* qui excitait le mépris de Jugurtha. L'argent y régnait en maître, il y était le moyen et il y était le but, le prêt à intérêt qui le livrait à l'un et le promettait à l'autre, devait occuper une grande place dans la vie de cette société. A lui les candidats demandaient les moyens d'acheter les suffrages, et le taux s'élevait au double les jours d'élection. C'est du moins ce qui arriva en l'année 699 quand Memmius et Domitius, candidats du parti de César disputaient le tribunat à Scaurus, le protégé de Pompée (1).

L'intérêt s'élevait parfois à un taux énorme. Verres le célèbre proconsul de Sicile prêtait au 24 % (2) et Brutus lui-même prêtait par personne interposé à la ville de Salamine au taux de 48 % (3). On voit par là ce qu'étaient devenues les vieilles défenses.

Vers cette époque s'accomplit dans les mœurs de la société romaine, la révolution qui fit perdre à la vieille cité sa physionomie originale et son caractère primitif. Au contact des peuples vaincus, les Quirites avaient oublié leurs traditions séculaires; l'agriculture était abandonné aux petites gens et aux esclaves, le commerce terrestre ou maritime avait pris un immense essort, le

(1) Cicér., *ad Quint.* II, 15 (édit. Panck, t. 19, p. 208).

(2) Cicér. III, *in Verrem*, 71.

(3) Cicér. *ad Attic* VI, 2 (édit. Panck, t. 20, p. 328).

luxe l'alimentait, le goût des arts et la vie facile des grecs avait remplacé la rusticité des premiers temps; Rome connaissait la civilisation, ses bienfaits et ses vices. Alors apparut le trafic de l'argent; alors s'établirent au forum, près du temple de Castor, d'innombrables comptoirs où sous les noms de *trapezitæ, argentarii*, *mensarii*, les banquiers du temps exploitaient toutes les ressources du crédit; alors, aussi s'introduisirent les usages financiers des Grecs, le règlement des intérêts fut mensuel et les kalendes devinrent l'époque de la liquidation; on ne calcula plus à tant par as, mais à tant pour cent; la modification du taux devait infailliblement suivre celle du mode de calcul.

L'usage et la jurisprudence prétorienne d'abord, la législation ensuite consacrèrent l'intérêt de 1 °/₀ par mois connu dans les textes sous le nom de *centesimæ* ou *legitimæ usuræ*. Ce taux de 1 °/₀ apparaît pour la première fois dans l'histoire avec un édit de Lucullus pour la province d'Asie. Les chevaliers romains adjudicataires de la ferme des impôts se livraient là comme ailleurs à une usure effrénée, il fallait y mettre un terme, excellente occasion de gagner la popularité et de frapper des adversaires politiques. Lucullus décida qu'à l'avenir les prêteurs ne dépasseraient pas le taux de la centesime et que les usures ne pourraient pas égaler le montant du capital (1). C'était en l'année 684 de la fondation de Rome. La correspondance de Cicéron nous apprend qu'il avait lui-même consacré le taux légal de la centesime dans son édit pour la province de Cilicie (2) (705). C'est ainsi que les centesimæ usuræ étaient entrées peu à peu dans les mœurs, un senatus-con-

(1) Plutarque, trad. d'Amyot. *Vie de Lucullus*, n° 35.
(2) Cicéron, *ad Attic*, 5, épist. ult. (édit. Panck, t. 20, p. 264).

sulte de l'année 705 de Rome les consacra définitivement. Le taux de 1 °/o par mois, soit 12 °/o par an, devint le taux maximum permis par la loi (1) et jusqu'aux réformes de Justinien il conserva ce caractère. L'époque classique n'en connut pas d'autre, elle le qualifia de légitime, épithète réservée d'ordinaire aux dispositions des Douze Tables qu'il parut mériter au même titre par son antiquité.

Mais si le 12 °/o par an était le taux maximum il ne faudrait pas croire qu'il fut le taux unique ou même le plus fréquemment stipulé. La langue avait toute une série d'expressions pour déterminer les diverses fractions de la centesime. Le 12 °/o par an ou mieux le 1 °/o par mois était désigné par l'unité, l'as, les intérêts moins forts par des fractions de l'as. L'as se divisait en douze onces ; pour chaque as prêté on sitipulait par mois, un douzième de l'as *uncia*, un sixième ou deux onces *sextans*, un quart ou trois onces *quadrans*, un tiers ou quatre onces *triens*, une moitié ou six onces *semis*, deux tiers ou huit onces *bes*, (de *bis triens*) cinq onces *quincunciæ*, sept onces *septunx*, neuf onces *dodrans* (*dempta quadrante as*, l'as moins un *quadrans*, moins trois onces) ; dix onces *dextans* (*dempta sextante as*, l'as moins un *sextans*, moins deux onces) ; onze onces *deunx* (l'as moins une once, *dempta uncia as*).

L'intérêt type de 1 °/o par mois revenait pour l'année de douze mois au 12 °/o par an; ses fractions duodécimales pouvaient ainsi facilement se rapporter au dénominateur cent ; *quadrantes usuræ*, quart de l'intérêt légal était de trois onces °/o, *trientes usuræ* de 4 °/o ; *quincunces usuræ* de 5 °/o, etc.

Pour désigner un intérêt supérieur à l'intérêt légal, on se servait des expressions *binæ*, *ternæ*, *quaternæ usuræ ;*

(1) Loi 27 D *de reg. jur.* I, 17. Loi 26, § I, D *de cond. ind.* XII, 6.

deux fois, trois fois, quatre fois la centésime, c'est-à-dire 24, 36, 48 p. °/₀ par an. Toute cette terminologie prouve que, bien souvent, les prêteurs ne s'en tenaient pas au taux légal de 12 °/₀, qu'ils l'élevaient ou l'abaissaient au delà ou en deçà des limites permises suivant les besoins de la spéculation, la confiance du marché, l'abondance ou la rareté du numéraire et les mille causes qui influeront toujours sur la valeur de l'argent.

Le sénatus-consulte de l'année 705 qui consacra la centésime comme intérêt légal maximum, décida en même temps que les intérêts ne pourraient pas s'accumuler au-dessus du chiffre du capital, disposition que nous avons trouvée déjà dans l'édit de Lucullus et que, sans doute, la pratique avait introduite.

Les auteurs se sont demandé les causes qui avaient provoqué ce sénatus consulte. M. Troplong, dans sa préface sur le prêt, croit les découvrir dans les besoins nouveaux de la situation économique. Le *semiunciarium fœnus*, qu'avec Niebuhr il évalue à 5 °/₀, n'aurait plus été en rapport avec les exigences des temps ; le Sénat aurait établi le taux légal de 12 °/₀ comme plus conforme à l'état financier de la République. Faut-il s'en tenir à cette explication ? Nous ne le croyons pas. Voici celle qui répond le mieux, selon nous, aux données de l'histoire et aux inductions rationnelles. Depuis longtemps l'intérêt semionciaire était oublié, la liberté du taux s'était substitué aux prohibitions légales, l'usure ravageait impunément la société romaine ; la jurisprudence s'émut. Les magistrats, dans leurs édits, prohibèrent les intérêts supérieurs au 12 °/₀, taux que l'usage avait consacré, et le Sénat convertit en loi ce que la jurisprudence avait fait. Peut-être ce taux s'était-il introduit dans les mœurs à cause de sa simplicité. On sait que les intérêts se réglaient par mois, le rapport de 1 °/₀ est bien le plus simple qui se puisse imaginer ! Quant au vieux taux de la loi des Douze Tables, il ne fut pas besoin de l'abroger, puisqu'il l'était de fait depuis longtemps. On ne s'attarde pas à exécuter les morts.

Le nouveau taux légal ne devait pas être observé, par la suite, beaucoup mieux que l'ancien; l'usure se joue de toutes les prohibitions. La loi des Douze Tables était, d'ailleurs, plus parfaite que le sénatus-consulte qui établit la centésime, elle attachait à ses dispositions une sanction rigoureuse qui, si elle eût été strictement appliquée, aurait pu en assurer l'observation. La peine du quadruple des intérêts indûment perçus était une menace sérieuse de nature à impressionner les contrevenants. La nouvelle législation ne reproduisait pas cette sanction, l'usure ne tombait pas sous le coup de la loi pénale, et, en stipulant des intérêts excessifs, le créancier ne s'exposait à rien. Il est vrai que le débiteur pouvait en refuser le paiement pour tout ce qui dépassait le taux légal, qu'il pouvait opposer l'imputation sur le capital des intérêts indûment perçus, qu'il pouvait peut-être en demander la restitution après le paiement du capital lui-même; ces conséquences purement civiles ne mettaient pas, après tout, le créancier peu scrupuleux dans une situation inférieure à celle du plus rigoureux observateur de la prohibition; aussi ne se faisait-on pas faute de la transgresser.

Avec un emprunteur délicat et homme d'honneur, il n'était pas besoin de se mettre en garde, on stipulait sans détour un intérêt supérieur à la centésime; en face d'un inconnu, la prudence exigeait que l'on prit quelques précautions. On s'ingénia à découvrir les moyens de briser les entraves de la législation; la littérature et les textes nous ont conservé quelques-uns des procédés ingénieux qu'on inventa.

Primus, à court d'argent, allait trouver Secundus, le capitaliste. Secundus prêtait au taux légal la somme de cent sesterces, mais n'en comptait que quatre-vingts. En gardant vingt sesterces, il se payait par avance les intérêts que la loi ne l'aurait pas autorisé à réclamer. Si Primus réclamait plus tard, alléguant la fraude, il était tenu de la prouver et échouait devant cette preuve. Il y a des débiteurs dont on ne veut pas s'aliéner l'estime. A ceux-là on disait : « Mon coffre est vide, je n'ai aucune avance, je ne puis. » Et, sur de nouvelles instances : « Cependant votre position m'intéresse, je voudrais bien vous rendre service ! Attendez, j'y songe ! J'ai là une coupe d'argent ciselé d'un travail exquis; j'y attache un prix considérable, c'est un meuble de famille, elle fut offerte à mon aïeul par les habitants d'Agrigente en souvenir des services qu'il rendit à leur municipe; évaluons-là, je vous la vends; je vous en laisserai le prix à titre de prêt et vous pourrez vous-même, en la réalisant, vous procurer l'argent que vous cherchez. » La coupe était évaluée trois cents sesterces, elle en valait deux cents !

On pouvait encore prêter une somme de cent et convenir qu'elle serait restituée en denrées : blé, orge, seigle, etc. Pour les prêts de choses fongibles, il n'y avait pas d'intérêt légal, on stipulait à un taux plus élevé que la centésime, et on arrivait, sous le couvert de la loi, à en éluder les dispositions.

Il y avait bien d'autres moyens encore ! Un prêteur vous remettait cent avec intérêts légitimes, puis il stipulait que, si ces intérêts n'étaient pas exactement servis, ils seraient doubles, triples, etc., à titre de peine.

Si l'emprunteur était un marchand, on se faisait remettre par lui, à titre de rémunération, une certaine quantité de marchandises : des vins, des bijoux, des étoffes.

La pratique devait peu à peu signaler les fraudes à l'attention du législateur et en amener la prohibition. Nous aurons plus tard à signaler ces prohibitions; mais, avant qu'elles aient été édictées, il dut y avoir de beaux jours pour l'usure, et, depuis, les difficultés de preuve et les précautions des créanciers durent encore dissimuler à la justice bien des contraventions.

IV.

DU TAUX DE L'INTÉRÊT SOUS L'EMPIRE JUSQU'A JUSTINIEN.

Quand Auguste fut porté à la suprême puissance, la société romaine s'était depuis longtemps transformée. Les patriciens n'étaient plus seuls détenteurs de la richesse; tandis qu'ils possédaient encore les grandes propriétés territoriales, le commerce, les entreprises hardies, les professions de toute sorte que crée la civilisation, avaient élevé à côté d'eux toute une classe de parvenus qui s'était appropriée la fortune mobilière et s'était adonnée au commerce de l'argent. L'aristocratie financière ne se confondait plus avec l'aristocratie politique ; la question des dettes avait, par suite, changé de caractère; elle ne devait plus occasionner ni révolution ni bouleversement, et si la protection des débiteurs contre les exactions des créanciers, continua d'éveiller l'attention du législateur ; ce ne fut plus tant pour éviter les commotions politiques que pour porter remède à une misère sociale.

Avec Auguste, la situation des débiteurs s'améliora. L'*addictio*, que la loi Pætelia avait laissé subsister, cessa d'atteindre le malheureux qui ne pouvait pas satisfaire à ses engagements. Une loi *Julia* organisa la cession de biens ; par la cession de tous ses biens à son créancier, le débiteur de bonne foi évita l'*addictio* et la note d'infamie qui résultait de la *venditio bonorum*. La législation, ainsi amendée, ne put plus exciter la colère du peuple; l'usure ne fut plus un danger pour la paix publique, mais elle ne cessa pas d'être un mal contre lequel tous les décrets demeurèrent impuissants. L'intérêt légitime de 12 0/0 resta bien le seul autorisé, mais la faiblesse, peut-être la complicité des grands, laissa le champ libre à l'usure, et la loi demeura lettre morte. Horace nous parle d'un usurier de son temps, qui prêtait au cinq pour cent par mois, ce qui fait soixante pour cent par an. Peut-être tous les financiers d'alors n'étaient-ils pas aussi osés; mais, par ce seul exemple, on voit ce qu'était déjà devenu, après un demi-siècle d'existence, la prohibition du sénatus-consulte.

Cependant Tibère allait fonder une institution qui devait avoir les plus heureuses conséquences; l'histoire est heureuse d'enregistrer une réforme utile à l'actif de ce prince, dont elle n'a guère à signaler que les cruautés et les débauches Rome éprouva, à cette époque, une crise financière dont les annales de Tacite nous ont conservé le tableau. Le nombre des dettes s'était accru dans d'énormes proportions; l'opinion s'émut et réclama l'application d'une vieille disposition édictée sous la dictature de César, qui prescrivait de faire emploi en immeubles d'une certaine quote-part de sa fortune. Cette loi, en amoindrissant les fortunes mobilières, avait prétendu diminuer le nombre des prêts; mais, comme tant d'autres, elle était restée sans application. A l'époque où nous sommes arrivés, on prétendit la faire revivre; des poursuites furent exercées et portées devant un préteur appelé Gracchus. Les contrevenants étaient si nombreux que Gracchus crut indispensable d'en référer au Sénat; les sénateurs eux-mêmes étaient en faute. « *Neque enim quisque tali culpa vacuus* », dit Tacite; ils implorèrent le prince et obtinrent grâce; mais dans un délai de dix-huit mois, tout le monde dut se mettre en règle.

Qu'arriva-t-il? Toutes les créances furent réclamées à la fois; les débiteurs, condamnés et expropriés, gardèrent dans leur coffre l'argent qu'ils avaient pu dissimuler; une soudaine raréfaction du numéraire s'ensuivit. Le Sénat, pour la prévenir, avait autorisé les débiteurs à s'acquitter en immeubles pour les deux tiers, mais les créanciers exigeaient le payement intégral; ils étaient sourds à toutes les supplications. La multiplicité des ventes avait fait baisser le prix des immeubles, et tous les financiers avaient tourné vers les acquisitions immobilières la disponibilité de leurs capitaux : on avait aggravé le mal qu'on se proposait de guérir.

C'est alors que l'empereur eut l'idée d'ouvrir, sur son trésor particulier, une caisse de prêt hypothécaire gratuit, au capital de cent millions de sesterces. Cette institution devait permettre aux détenteurs d'immeubles de se procurer les capitaux dont ils avaient besoin, sans avoir recours à des aliénations désastreuses. On pouvait emprunter à cette caisse une somme quelconque sans intérêt pour trois ans, à la seule condition de donner hypothèque sur un immeuble de double valeur (1).

Cette sage mesure para à toutes les difficultés du moment; les usuriers, devancés par la générosité du prince, ne purent trouver dans cette crise une nouvelle occasion d'exploiter la misère publique. Les prêteurs, pour ne pas voir dormir leurs capitaux, durent les confier à un intérêt modique; les dettes furent payées, et la confiance ramena avec elle la prospérité. Columelle nous apprend (2) qu'à la

(1) Tacite, *Annales* VI, 16 et 17.

(2) *De re rustica*, III, 3.

fin du règne de Tibère, le taux usuel de l'intérêt était de six pour cent par an, la moitié de la centésime, intérêt très modique, qui atteste combien, depuis Auguste, la situation financière s'était améliorée. Ce n'est pas à dire, cependant, qu'il n'y eut plus, dans la république, de méchants créanciers ni de mauvais payeurs ; la logique nous ferait induire le contraire, si l'histoire ne nous l'apprenait pas. Les dettes furent bien toujours le mal endémique des sociétés romaines, suivant l'expression d'un savant auteur (1), et les plus grands personnages dans l'Etat n'en étaient souvent pas exempts. Vitellius avait d'innombrables créanciers ; à peine sortait-il, que ceux-ci se serraient autour de lui, le dissimulaient à tous les regards, et ne tardaient pas à remplir le forum (2). Quelque temps après, il arrivait à l'empire.

Une réforme importante que les uns attribuent à Claude (3), les autres à Vespasien (4), vint porter à son tour un rude coup au commerce illégitime de l'argent ; le travail honnête se montre, l'usure se cache ; elle prête dans l'ombre, pour que la délicatesse ne la voie pas ; elle prête au fils de famille pour satisfaire ses folies.

Nomina sectatur modo sumpta veste virili
Sub patribus duris tironum (5).

Pour garantie de solvabilité il n'offre que son droit à recueillir l'héritage de son père ; s'adressera-t-il à un financier honnête ? non, il se refuserait à être le complice de ses débordements. Il ira trouver l'usurier. L'usurier est dis-

(1) Fustet de Coulanges.
(2) Dion Cassius, *Epitome*, n° 10.
(3) Tacite, *Annales*, XI, 13.
(4) Suetone, *Biographie de Vespasien*, ch. 11.
(5) Horace, *Epodes*, ode 2.

cret (il a ses raisons), il ne divulgue pas ses confidences ; il est intelligent, il comprend ses besoins, les excuse, les devine, les prévient. L'usurier, il est vrai, exige des intérêts considérables, mais le terme est si long et la vie si courte.

On raisonnait ainsi dans l'antique Rome ; les temps, les climats, les langues changent, les hommes ne changent pas ! le législateur se préoccupa de ces abus : la facilité avec laquelle de jeunes fous trouvaient le moyen de gaspiller par avance une fortune que leurs ancêtres avaient laborieusement acquise l'inquiéta. Les plus grands maux en résultaient pour le bien-être commun et les mœurs publiques ; le désir de se soustraire aux poursuites de ses créanciers venait de pousser un fils au parricide. Le coupable s'appelait Macédo ; d'après quelques auteurs ce nom serait celui de l'usurier ; peu importe, un sénatus-consulte provoqué par cet attentat est demeuré célèbre sous le nom de Macédonien.

Nous sortirions de notre cadre en en présentant le commentaire, aussi n'en montrerons-nous que l'objet et les conséquences qui se réfèrent à l'intérêt de l'argent. Le Macédonien décida que le prêt d'argent fait à un fils de famille, quels que soient d'ailleurs son âge et son état ne produirait point d'obligation civile. Si le prêteur en réclamait le remboursement en justice, il pouvait être repoussé par l'exception *senatus consulti Macedoniani*. Cette exception avait un caractère d'ordre public, aussi en tout état de cause pouvait-on l'invoquer et même après une condamnation on pouvait encore s'en prévaloir pour se soustraire à l'exécution. Le sénatus-consulte ne créait pas une simple suspension de poursuites ; l'action du créancier était à tout jamais paralysée. Quand le fils de famille échappait à la puissance paternelle, il pouvait encore invoquer l'exception et ses héritiers eux-mêmes jouissaient de la même faculté. Elle pouvait en un mot être opposée par le fils en puissance ou non ; par le père de famille, et par les héritiers de l'un et de l'autre et même par le tiers qui aurait cautionné la dette si toutefois il n'était pas démontré, que son intervention ait eu spécialement pour but, de garantir le prêteur contre l'exception du sénatus-consulte.

Au point de vue du taux de l'intérêt ce document législatif dut avoir des conséquences importantes. Il enleva à la profession d'usurier son principal aliment, il rendit désormais impossible, ou tout au moins très difficile ces prêts où l'élévation des intérêts compense les garanties de recouvrement ; il restregnit mais raffermit en même temps le champ du commerce et dut par là provoquer un abaissement général du taux. Les prêteurs à gros intérêts ne disparurent sans doute pas de Rome, le supposer serait trop présumer des forces humaines ; mais leur nombre dut être considérablement amoindri et leurs opérations nettement séparées de la finance honnête. D'un autre côté, les risques qu'ils couraient ne leur permettaient plus de prêter sinon à des intérêts énormes qu'ils prélevaient sans doute avant toute numération d'espèces, pour n'avoir pas à en poursuivre le recouvrement ; mais leur commerce cantonné pour ainsi dire en dehors de la société ne put exercer aucune influence sur l'équilibre du taux dans les transactions ordinaires.

Ce taux ne dépassait pas les limites légales et bien souvent il restait en-deçà. Les empereurs se plaisaient à donner l'exemple du désintéressement et par la plus légitime des concurrences ils amenaient les banquiers à se contenter d'intérêts modiques. Antonin le Pieux, Alexandre Sévère prêtaient à 3 et 4 % (1). Ce dernier prêtait même sans intérêt à l'agriculture pour laquelle il avait une vive

(1) Capitolinus. chap. 2. — Lampride, ch. 21.

sollicitude. Il prescrivit aux sénateurs de suivre son exemple, leur permettant toutefois de recevoir un présent à titre de rémunération ; mais bientôt craignant une interprétation trop large du mot présent il revint sur sa défense de réclamer des intérêts et leur permit de stipuler six pour cent (1). Cette disposition mérite d'attirer particulièrement l'attention, car elle place toute une catégorie de citoyens dans une condition inférieure au droit commun. L'empereur pensait que les personnes d'un rang élevé doivent donner l'exemple du désintéressement, parce que leur haute situation leur prescrit une plus grande délicatesse. Une autre disposition défendit aux gouverneurs de prêter à intérêt dans leur province (2). Les règles d'une bonne administration suffisent à expliquer cette mesure. Disons pour compléter ces explications, qu'il était certaines hypothèses particulières, où l'on pouvait dépasser le taux de douze pour cent. C'était d'abord dans le prêt de denrées, dont nous n'avons pas à nous occuper ici et dans le *nauticum fœnus*, sur lequel nous dirons quelques mots, quand nous commenterons la législation de Justinien. Enfin il était une situation spéciale où la loi légitimait un intérêt supérieur à douze pour cent. Si je prête une somme à Paul à la condition que pour me tenir lieu des intérêts, il m'abandonnera la jouissance d'une maison ou d'un champ, notre convention est dans tous les cas valable, quand bien même la valeur locative serait supérieure aux intérêts légaux. Mais cette disposition faisait échec aux principes, aussi ne l'aurait-on pas appliquée si le prêteur au lieu de conserver le bénéfice de la location pour lui-même s'en était dessaisi au profit d'un tiers (3).

(1) Loi 4, Cod. Théo. *de usur.*, II, 33,

(2) Loi 3. *si cert. petat.* C. IV. 2.

(3) Loi 14 et 17 (*de usuris*) IV, 32.

V

SANCTION DES RÈGLES SUR LE TAUX DE L'INTÉRÊT DANS LA PÉRIODE IMPÉRIALE JUSQU'A JUSTINIEN.

Nous avons dit qu'à l'origine aucune sanction pénale ne garantissait le respect du taux de la centesime ; cette situation devait se prolonger pendant toute la période classique et nous savons tous les inconvénients qu'elle présentait.

Quand un intérêt excessif avait été convenu, qu'arrivait-il? La stipulation d'intérêts était-elle nulle pour le tout, ou valable jusqu'à concurrence des intérêts légaux? L'esprit formaliste du droit romain cadrerait assez bien avec la première solution, et peut-être fut-elle défendue, à l'origine, par les jurisconsultes qui voyaient, dans la différence de chiffre entre la demande et la réponse, une nullité radicale ; mais deux lois, au *Digeste* (1), nous apprendront que le second système avait prévalu. Si des intérêts excessifs avaient été stipulés, on n'en tenait pas compte ; on les ramenait à l'intérêt légal. L'obligation d'intérêts illégitimes n'était pas nulle, mais seulement réductible. Comment la réduction pouvait-elle s'effectuer? Il y a des points hors de contestation. Le débiteur poursuivi en payement d'intérêts illégitimes, pouvait refuser de les payer ; mais quand il les avait déjà payés, quelle ressource lui restait-il ?

Si le capital restait dû, il pouvait opposer, en compensa-

(1) Lois 9 et 29, D. XII, 1.

tion, l'excédant des intérêts déjà payés, et en faire l'imputation sur le sort principal encore dû (1).

S'il avait payé le capital après les intérêts, l'imputation des intérêts excessifs avait amoindri la dette du capital, et en l'acquittant intégralement, le débiteur avait payé l'indû; il pouvait répéter la portion payée indûment. S'il avait payé les intérêts après le capital, on l'autorisait encore à les répéter, ; et la solution était la même, quand intérêts et capital avaient été acquittés simultanément. En deux mots, quand les intérêts excessifs n'étaient pas payés, on pouvait les retenir (2) ; quand ils l'étaient, on pouvait les répéter. Telle est la doctrine qui ressort de la façon la plus nette, tant des *Sentences* de Paul, liv. 2 et 14, § 2, que de la loi 26 *De condictione indebiti*, empruntée à Ulpien. Nous ne comprenons pas que M. Troplong (3) ait pu trouver une différence entre la doctrine des deux jurisconsultes. « Si le sort principal avait été rendu, dit M. Troplong, c'était une question entre les jurisconsultes de savoir si l'on pouvait répéter ce qui avait été payé de trop. Ulpien était d'avis que la répétition ne pouvait avoir lieu ; Paul était d'un sentiment contraire. » Et, par une note, M. Troplong renvoie à la loi 26 pour indiquer l'opinion d'Ulpien ; il suffit de se reporter à cette loi, pour découvrir l'erreur dans laquelle le savant auteur est tombé. Il s'est arrêté à la première phrase du texte, qui, si elle était isolée, concorderait en effet avec ses explications. « *Si supra legitimum modum solvit D. Severus rescripsit (quo jure utimur) repeti quidem non posse, sed sorti imputandum.* » A ne s'en tenir qu'à ces mots, il paraît évident que, dans la doctrine d'Ulpien comme dans celle de Septime Sévère,

(1) Paul, *Sentences*, lib. 2, p. 14, § 2.

(2) Loi 26, D., *De condic. indeb.*, XII, 6.

(3) Troplong, *Préface sur le prêt.*

la répétition des intérêts illégitimes est prohibée ; leur imputation sur le capital est seule permise. Mais le jurisconsulte s'explique, et ses explications sont le démenti absolu de la règle formulée : « *Si posteà sortem solvit, sortem quasi indebitam repeti posse.* » Si on vient à payer le capital après les intérêts, on fait encore l'imputation. Alors, ce ne sont pas les intérêts excessifs qu'on répète, c'est la portion de capital payée indûment. Ce n'est qu'une question de mots, continuons : « *Proinde et si ante sors fuerit soluta, usuræ quasi sors indebita repetuntur.* » On fait encore le même raisonnement. Quand le capital a été payé avant les intérêts, on impute sur ledit capital payé antérieurement, portion des intérêts payés en trop, et on permet la répétition de la portion du capital ainsi rendue disponible. « *Quid, si simul solverit? Poterit dici, et tunc repetitionem locum habere.* » La répétition a lieu encore dans le cas où capital et intérêts ont été acquittés en même temps.

Dans le système de Paul, on peut répéter les intérêts indûment payés ; dans celui de Sévère et d'Ulpien, on peut, en toute occasion, les imputer sur le capital, et répéter une somme équivalente, indûment payée. Dans l'une et l'autre explication, la répétition est admise, et elle a lieu pour une somme égale à l'excédant des intérêts légaux. Il y a une différence dans les mots, et non dans les choses.

Toutefois, la doctrine que nous venons d'exposer, et qui consacre, sous un nom ou sous un autre, la répétition des intérêts payés en trop, ne fut peut-être pas toujours admise sans contestation. Peut-être fut-il un temps où l'imputation sur le capital encore dû, était la seule garantie du débiteur. Il est permis de le conjecturer, et nous trouvons même au Code un texte de l'empereur Philippe (1) qui corrobore cette

(1) Loi 18, C., *De usuris*, IV, 32.

opinion. Voici la Constitution : « *Indebitas usuras etiamsi ante sortem solutæ non fuerint, ac propterea, minuere eam non potuerint, licet post sortem redditam creditori fuerint datæ, exclusa juris varietate repeti posse, perpensa ratione firmatum est.* » Les expressions *exclusa juris varietate* sont la preuve qu'il y avait eu controverse sur le point de savoir si on pouvait répéter les intérêts excessifs payés postérieurement au capital ; l'empereur trancha la controverse dans le sens de l'affirmative. Il ne fait, en cela, que confirmer la doctrine qu'Ulpien, par des détours ingénieux, était parvenu déjà à formuler.

De tout ce qui précède, il résulte que Septime Sèvère avait prohibé la répétition des intérêts illégalement perçus ; que si le débiteur ne s'était pas dessaisi du capital, il pouvait les imputer, mais qu'il restait désarmé dans le cas contraire. Effrayés des inconvénients pratiques de cette législation, les jurisconsultes permirent, indirectement d'abord, directement ensuite, la répétition des intérêts excessifs.

La jurisprudence par eux établie fut consacrée définitivement par une Constitution de l'empereur Philippe, qui rendit possible dans tous les cas la répétition.

Telle était la sanction civile de la limitation du taux de l'intérêt ; nous devons aborder maintenant l'examen des divers cas où l'on devait en faire l'application. Il est facile de concevoir que les usuriers, au lieu de stipuler directement des intérêts illégitimes préféraient recourir à certains détours par lequels ils se flattaient de tromper la vigilance des lois. Les textes nous signalent plusieurs de leurs fraudes.

C'est ainsi qu'un prêteur pouvait stipuler que si le capital ne lui était pas rendu à telle époque le débiteur lui devrait à titre de peine, pour chaque mois ou chaque jour de retard, une certaine somme, supérieure toujours, aux intérêts légaux du capital prêté. Il y avait là une violation flagrante du taux légal. Les intérêts ne sont après tout que la représentation du dommage que le créancier éprouve par la privation du capital et la peine qui est aussi la représentation de ce dommage doit être limitée dans les mêmes proportions. Aussi cette clause fut-elle de bonne heure condamnée. Papinien (1), Ulpien (2), Modestin (3) sont d'accord pour la proscrire et l'empereur Gordien décide, après eux, que le montant de la clause pénale ne sera dû, que jusqu'à concurrence du taux légal des intérêts. Nous trouverons dans le droit français une disposition analogue, sous l'article 1153.

Nous devons placer ici l'examen d'une question qui se rattache intimement dans les textes à celle que nous venons de résoudre. Est-on tenu de stipuler des intérêts fixes ou ne peut-on pas convenir que les intérêts s'accroissent sans dépasser les limites du taux maximum, sous certaines conditions ; l'inexactitude dans le paiement par exemple. Papinien le déclare en termes exprès et fait remarquer pour justifier sa doctrine qu'il est parfaitement licite de stipuler un intérêt plus ou moins fort suivant que telles ou telles conditions imposées à l'emprunteur seront accomplies (4). Toutefois les textes décident que le taux des intérêts ne sera modifié que pour l'avenir ; ainsi dans l'espèce suivante : Titius a promis de payer des intérêts de cent °/₀ par an et pour le cas où il ne les servirait pas exactement il s'est engagé à payer six pour cent pour toutes les années courues du jour du contrat ; Antonin le Pieux décida que l'emprunteur ne devrait le six pour cent que du jour ou les payements réguliers cesseraient ; les intérêts déjà payés

(1) Loi 9. D. *de usuris et fruct.* XXII, 1.
(2) Loi 13, § 26. D *de actionibus empti et venditi,* XIX, 1.
(3) Loi 44. D *de usuris et fruct.* XII, 1.
(4) Loi 9, D *de usuris et fruct.* XXII, 1.

ne devraient pas être augmentés rétroactivement. L'empereur par cette disposition qui s'écarte des principes énoncés plus haut en ce qu'elle prohibe une convention où le taux légal n'est pas dépassé, a cédé à une considération de justice et d'utilité pratique ; il n'a pas voulu que la dette put d'un seul coup s'accroître dans de trop grandes proportions, le prêteur a jugé les intérêts primitifs suffisants s'ils étaient payés avec régularité ; il doit s'en contenter pour tout le temps où ils lui ont été servis régulièrement (1).

Les dispositions restrictives doivent être appliquées avec beaucoup de réserve, aussi faudrait-il voir une convention parfaitement licite dans l'hypothèse suivante dont nous trouvons les données et la solution dans un texte de Scœvola (2). J'ai vendu à Titius le fonds Cornelien au prix de vingt sous d'or. Plus tard je conviens avec lui que je le tiendrai quitte s'il me paye treize sous d'or dans un délai déterminé, que si non il continuera à être mon débiteur de vingt.

On aurait pu se demander, s'il n'y avait pas dans cet arrangement, une infraction indirecte aux dispositions limitatives du taux, une clause pénale supérieure aux intérêts légitimes. Le jurisconsulte décide avec raison, que cette convention n'est en rien contraire à la loi ; le prix stipulé à l'origine est vingt, s'il plaît ensuite au vendeur de permettre à l'acheteur de se libérer dans des conditions moins onéreuses, en observant certaines conditions, c'est de sa part un acte de pure faveur, qui ne peut être interprété à son préjudice. Il ne tient qu'à Titius de se libérer à treize ; s'il ne veut ou ne peut le faire, il exécutera le contrat primitif qu'il a consenti et qui a gardé toute sa force.

(1) Loi 17. D *de usuris et fruct.* XXII, 1.
(2) Loi 47. D *de pactis*, II, 14.

L'esprit inventif des usuriers avait multiplié les fraudes. Le prêt de denrées, dont le taux libre à l'origine, fut réduit par Constantin à cinquante pour cent, leur servait de déguisement. On prêtait de l'argent et on convenait que l'emprunteur paierait à titre d'intérêt un certain nombre de mesures de froment. On trouvait dans cette clause un moyen facile de dépasser le taux légal ; aussi l'empereur Gordien décida-t-il que cette fraude ne resterait pas impunie et que l'emprunteur poursuivi dans d'aussi injustes conditions, pourrait faire réduire les intérêts au taux consacré pour les prêts d'argent (1). En dépit de ces précautions le prêt de denrées servit sans doute à masquer encore bien des fraudes.

L'usure trouvait aussi dans l'antichrèse un moyen commode d'échapper à la loi. L'antichrèse est un contrat par lequel on remet en garantie à son créancier une chose frugifère, avec cette clause que les fruits qu'il percevra lui tiendront lieu d'intérêts. On pourrait se demander, si pareille convention n'était pas illégale, dans le cas où le produit de l'immeuble livré était de beaucoup supérieur aux intérêts de la somme due, et si ce n'était pas le cas de décider que les fruits perçus en trop s'imputeraient sur le capital ; mais les textes ne laissent aucun doute sur cette question et la tranchent négativement. On fit remarquer que l'antichrèse avait un caractère aléatoire, que les récoltes abondantes une année, étaient souvent nulles la suivante, que les chances malheureuses auxquelles s'exposait le créancier étaient entrées en grande considération dans l'accord des parties et que l'exonération de ces chances représentait pour le débiteur un avantage pécuniaire, que le législateur ne pouvait pas apprécier sans se perdre dans des diffi-

(1) Loi 16 C *de usuris* IV, 32.

cultés insurmontables. Ces considérations prévalurent et on décida que les fruits perçus par l'antichrèsiste ne seraient jamais soumis à l'imputation. (1)

Mais comme le caractère aléatoire de l'antichrèse était la seule raison d'être de cette règle, elle ne s'appliquait qu'avec de nombreuses restrictions. Il est évident par exemple, que la jurisprudence prétorienne n'en tenait pas compte quand la disproportion entre les intérêts légitimes et le produit était telle, qu'on pouvait y voir de la part des créanciers une intention évidente de se soustraire à la loi. Les textes nous apprennent d'autre part que la règle formulée plus haut doit être soigneusement restreinte au contrat d'antichrèse. Ainsi quand le débiteur remettait à son créancier un immeuble en gage, avec faculté d'en retenir les fruits en paiement des intérêts qui lui étaient dus, il n'y avait pas là la convention aléatoire d'antichrèse ; si le produit de l'immeuble restait au-dessous du montant des intérêts, le débiteur n'était pas libéré du surplus et par voie de réciprocité, le créancier ne pouvait retenir les fruits que jusqu'à la concurrence des intérêts, quand le produit de l'immeuble avait une valeur supérieure. Les textes nous parlent d'un créancier, qui était convenu avec son débiteur, que si les intérêts stipulés inférieurs aux intérêts légaux n'étaient pas payés exactement, il pourrait percevoir les fruits de l'immeuble jusqu'à concurrence du taux légal. Cette convention était parfaitement légitime (2).

Un doute aurait pu exister dans le cas suivant : je constitue à mon créancier un droit d'habitation sur une maison m'appartenant, pour lui tenir lieu des intérêts que je ne

(1) Loi 17, G. *De usuris*, IV, 52.
(2) Loi Ier, § 3, *De pign. et hypoth.*, XX, 1.

puis lui payer. On ne peut pas dire ici comme tout à l'heure pour l'antichrèse, qu'il existe une aléa échappant à l'estimation du juge. Le droit d'habitation représente pour le créancier un avantage d'une valeur fixe et facile à déterminer. Si l'avantage pécuniaire qui résulte de cet arrangement, dépasse de beaucoup les intérêts dus, ne pourra-t-on pas pour le surplus en faire l'imputation sur le capital ? On aurait pu logiquement le décider ; mais on a considéré d'autre part que le créancier n'agissait pas ici dans sa pleine liberté, qu'il avait accepté l'offre de son débiteur pour retirer quelque chose de sa créance et que sans cette nécessité il n'aurait pas pris un logement d'une valeur locative aussi considérable. On décida que pareille convention échappait aux entraves du taux légal et on fut conduit à cette solution par l'analyse même de l'opération. Il n'y a là après tout qu'un louage et il n'est pas défendu de louer sa maison moins cher qu'elle ne vaut, le louage n'est pas rescindable pour lésion. Il y aurait lieu de donner une solution différente si le créancier recevait le droit de sous-location. Dans ce cas il faudrait considérer le prix de location comme le produit de l'immeuble prêté et obliger le créancier à ne retenir que les intérêts légitimes en imputant le surplus sur le capital de la créance. (1)

Voici une fraude très en honneur qui fut législativement proscrite par un rescrit de Dioclétien et de Maximien et que nous avons eu déjà l'occasion de signaler. L'emprunteur se dit à court d'argent, il ne peut vous en prêter, mais il a un meuble, un cheval, dont on pourrait tirer un bon prix, qu'il consentirait à vous remettre en considération du besoin qui vous presse ; vous estimez ensemble cet objet et vous tombez d'accord sur la valeur qu'il convient de lui

(1) Loi 14 *de usuris*, IV, 32.

donner ; mais le prêteur y attachait un prix particulier, il le tenait de sa famille, il s'en dépouille à contre-cœur, le sacrifice qu'il vous fait ne saurait être rémunéré par le paiement des intérêts légaux ; il faut qu'il retrouve dans le prix que vous lui devrez une compensation de la privation qu'il s'impose. Ces détours de langage étaient familliers aux usuriers et les Pères de l'Eglise élevaient la voix pour les condamner. (1)

Il y avait encore pour les prêteurs un moyen plus simple que tout cela d'enfreindre les défenses légales ; ils se faisaient remettre sur les deniers prêtés une certaine somme à titre de gratification, ou plutôt ils la retenaient dans leur caisse ; cette petite opération ne laissait pas de traces et la vigilance des lois était éludée (2).

Quand l'emprunteur était un marchand, ou pouvait exiger de lui une certaine quantité de marchandises en sus des intérêts légaux et la fraude était d'un contrôle presque impossible. L'esprit inventif des usuriers multipliait les détours et la répression était sans cesse plus difficile.

Nous devons faire remarquer ici qu'un avantage usuraire pouvait être fait au créancier par le paiement anticipé des intérêts auxquels il avait droit. Ce résultat se produisait dans deux hypothèses bien différentes qu'il convient de distinguer. Voici la première : au moment de la numération des espèces le prêteur fait le calcul des intérêts qui lui seront dus à l'échéance du terme et en retient la somme sur les deniers prêtés. C'est ce qu'on désigne par les expressions d'escompte en dehors, intérêts en dedans. Il n'est pas besoin de faire remarquer qu'un avantage important résulte pour le créancier de cette pratique, car au lieu de

(1) **Troplong, *préface sur le prêt*, page LXXV.**
(2) **Loi 26, § 1 C, *de usuris*, IV, 32.**

recevoir ses intérêts au fur et à mesure de leur échéance il les perçoit de suite simultanément et peut aussitôt en faire un placement productif. Par contre, le débiteur qui avait le droit de les retenir jusqu'au moment où ils seraient dus en est immédiatement dessaisi et éprouve de ce chef un sérieux préjudice. Dès lors si les intérêts ainsi retenus ont été calculés au taux légal, le paiement anticipé a procuré au créancier un bénéfice qui outrepasse ce taux et qui partant, doit être retranché. Ce retranchement se fera d'une manière bien simple, en ne calculant les intérêts que sur la somme qui a été effectivement livrée et qui seule par conséquent a pu en produire. L'emprunteur devra restituer à l'échéance la somme nominale du prêt amoindrie de la différence des intérêts ainsi calculés sur la somme prélevée par le créancier au moment de la numération.

Passons à la seconde hypothèse : le créancier ne retient pas par avance les intérêts sur le capital, mais il se les fait payer avant l'échéance. Il retire bien effectivement un bénéfice de ce paiement anticipé, mais ici la loi romaine moins rigoureuse ne voyait pas un avantage usuraire. Les intérêts ainsi payés l'étaient valablement ; ils étaient définitivement acquis au créancier, auquel on ne pouvait opposer de ce chef aucune imputation sur le capital ; mais en revanche cette libération précoce produisait au profit du débiteur un résultat qu'il est bon de signaler. Si la dette du capital était exigible le créancier en recevant les intérêts à l'avance s'engageait implicitement à ne pas poursuivre le remboursement du capital, avant que le temps pour lequel il recevait les intérêts ne soit écoulé ; si après avoir touché le prix de la jouissance de son capital, il voulait en dépouiller le débiteur il était repoussé par l'exception de dol. « *Accipiendo enim usuras, distulisse videtur petitionem in id tempus, quod est post diem usurarum prœstitarum et tacite convevenisse interim se non petiturum* (1). »

On sait que les intérêts ordinaires n'étaient pas permis aux sénateurs ; mais l'aristocratie romaine n'avait pas pour le maniement de l'argent la répugnance de la noblesse du moyen âge ; elle supportait mal l'infériorité que la loi lui imposait et l'interposition de personnes à laquelle nous avons vu les citoyens romains recourir avant la loi Sempronia fournissait aux sénateurs le moyen de placer leurs capitaux aux intérêts ordinaires.

C'est ainsi que la prohibition était de toutes parts assaillie et battue en brêche ; à cela rien de bien surprenant, on ne peut arriver à restreindre le taux de l'intérêt qu'en ayant recours à des pénalités sévères et à une surveillance rigoureuse. Il est évident que si en dépassant le taux légal on ne s'expose qu'à rembourser les intérêts excessifs, personne ne se fera faute de violer la loi. C'est ce qui avait lieu à Rome. Les empereurs finirent par le comprendre. Dioclétien et Maximien décidèrent que les usuriers seraient notés d'infamie (2). Théodose II et Valentinien III rétablirent la peine du quadruple pour ceux qui à l'avenir dépasseraient le taux légal de la centesime, et par une disposition rétroactive rendirent débiteurs du double de la somme perçue en trop, ceux qui avaient prêté au-dessus de ce taux dans le passé.

Avant de terminer ces considérations, il est bon de faire remarquer que la centesime n'était point à Rome le taux légal de l'intérêt, dans le sens que nous prêtons aujourd'hui à cette expression. Il était, il est vrai, défendu de dépasser la centesime, et on peut dire dans ce sens que la centesime

(1) Loi 2. § 6, D. *de doli mali et metus except.* XLIV, 4.
(2) Loi 20, C, *ex quib. causis infam. irrog.*, II, 12.

était le taux légal, mais il ne faudrait pas croire qu'elle fut le taux présumé par la loi à défaut de convention explicite entre les parties. Si on prêtait une somme *cum usuras* cela ne voulait pas dire que le prêt fut consenti au taux du douze pour cent. Le chiffre des intérêts ne pouvait être déterminé que par les conventions ; le douze pour cent n'était qu'un maximum et rien de plus. La loi ne le présumait jamais. Si je m'engageais à payer une certaine somme avec cette clause : « avec les intérêts dont nous sommes convenus. » Cet engagement demeurait sans effet pour les intérêts, s'il était impossible de déterminer le taux que nous avions eu en vue (1). Titius prête à Sempronius cent *aurei* avec intérêts « *cum usuras.* » Sa stipulation est nulle en ce qui regarde les intérêts ; Sempronius ne devra que le capital. Nous ne pourrions admettre une pareille solution si elle n'était pas formulée expressément dans un texte : « *Quod in stipulatione ita adjectum est : et usuras si quæ competierint nullius est momenti si certus modus non adjiciatur.* »

VI.

DE LA COMPUTATIO DUPLI ET DE L'ANATOCISME

Pour compléter la théorie du taux de l'intérêt dans la période que nous venons de parcourir, il nous reste à dire quelques mots de deux restrictions particulières.

Les intérêts cessaient de courir le jour ou leur accumu-

(1) Loi 41, n° 2. D. *de usuris et fruct.*, XXII, 1.

lation formait une somme égale au capital lui-même. La loi n'avait pas voulu que la créance pût s'accroître indéfiniment et elle avait décidé que quand elle se serait élevée au double, quand pour employer le langage des textes il y aurait *computatio dupli*, le capital, de par l'autorité de la loi, deviendrait improductif.

De quelle manière faut-il faire le calcul de la *computatio dupli?* A cette question il y a lieu, suivant les époques, de faire deux réponses différentes.

L'idée d'arrêter le cours des intérêts après un certain temps avait été déjà mise en pratique chez les Egyptiens ; c'est du moins ce que nous rapporte Diodore de Sicile (1), cet usage avait dû exister aussi chez les Grecs et il est probable, sans qu'il soit permis cependant de l'affirmer, que de là il s'introduisit à Rome avec la centesime, avec le règlement mensuel, en un mot avec toutes les pratiques financières de la Grèce. Quoi qu'il en soit de ces conjectures, c'est dans un texte d'Ulpien que se trouve conservé la première trace de la *computatio dupli* (2); c'est à ce texte qu'il faut recourir pour rechercher le premier état de la législation romaine sur ce point. Prenons dans cette loi la disposition qui nous intéressse. *Supra duplum autem usuræ..... nec in stipulatum deduci nec exigi possunt*, et *solutæ repetuntur.* » Que veulent dire ces mots : « *usuræ supra duplum.* » On a prétendu que la loi avait voulu proscrire des intérêts qui pour un an auraient dépassé le chiffre du capital, c'est-à-dire le cent pour cent. Cette explication ne mérite pas qu'on la discute. Qu'est-il besoin en effet de proscrire un pareil taux, quand la loi n'autorise pas même un intérêt supérieur au douze pour cent. Les

(I) Diodore, l. II.
(2) Loi 26, § 1, D, *de condit. indeb.* XII, 6.

mots *usuræ supra duplum* doivent donc s'entendre des intérêts de plusieurs années, dont l'addition finit par atteindre une somme égale au capital lui-même. Dès que le capital est resté assez longtemps entre les mains de l'emprunteur pour que les intérêts échus *payés ou non* aient atteint un chiffre égal, les intérêts cessent de courir ou plutôt ne peuvent plus être éxigés. Telle est, ce nous semble, la portée du texte cité plus haut. On pourrait concevoir un système législatif où les intérêts cesseraient de courir lorsque *les intérêts dus* atteindraient le capital ; mais le texte d'Ulpien ne fait aucune différence entre les intérêts dus et les intérêts payés, rien n'autorise à suppléer son silence. Au contraire le texte même nous fournit la preuve que les intérêts payés devaient, comme les intérêts dus, entrer en compte pour le calcul de la computatio dupli. Le texte nous dit en effet : « *Supra duplum autem usuræ nec in stipulatum deduci nec exigi possunt.* » Il place sur la même ligne la convention et la poursuite, il défend de stipuler des intérêts au-delà de la valeur du capital. Il s'agit évidemment là de tous les intérêts à échoir, les parties ne se sont pas préoccupées de savoir s'ils seraient ou non servis régulièrement. Ce sont ces mêmes intérêts que la loi a considéré au point de vue des poursuites; il reste donc certain que, quel que soit le temps écoulé depuis le prêt, le créancier ne recevra jamais en intérêts une somme supérieure au capital dont il s'est dessaisi. Le capital en un mot ne peut produire en intérêts qu'une somme égale à lui-même.

Telle est la doctrine qui résulte de la loi d'Ulpien et qui fut reprise plus tard par Justinien. Mais elle ne prévalut pas et nous la voyons complètement abandonnée dans une Constitution de l'empereur Antonin Caracalla (1). Le texte

(1) Loi 10, C., *De usuris*, IV, 32.

dit formellement que les intérêts déjà payés ne doivent pas rentrer dans le calcul de la *computatio dupli* : « *Usuræ per tempora solutæ non proficiunt reo ad dupli computationem.* » Et le texte ajoute : « *Tunc enim ultra sortis summam usuræ non exiguntur quoties tempore solutionis summa usurarum excedit eam computationem.* » On ne pouvait exiger les intérêts que jusqu'à concurrence d'une somme égale au capital prêté. Tel est le sens des expressions *dupli computatio*. La disposition par laquelle la *dupli computatio* ne pouvait pas être dépassée avait pour but de prévenir une aggravation indéfinie de la dette, mais elle se retournait, en définitive, contre le débiteur en obligeant les créanciers à poursuivre avant le doublement du capital. Il en résultait peut-être, d'ailleurs, une situation préférable pour l'un et pour l'autre.

Nous retrouverons le *computatio dupli* dans le droit de Justinien ; exposons maintenant la théorie de l'anatocisme.

L'anatocisme n'est autre chose que ce que la langue courante appelle intérêt composé. C'est la convention par laquelle les intérêts dus produisent à leur tour des intérêts à dater de leur échéance. L'expression d'anatocisme de ανα τοκοσ est, comme l'usage qu'elle désigne, empruntée à la Grèce. Athènes pratiquait l'intérêt composé (1), on a même soutenu qu'il y était le droit commun ; tout débiteur en retard de payer les intérêts de sa dette aurait vu ces intérêts se reproduire à leur tour (2). M. Caillemer croit, au contraire, que l'anatocisme devait être formellement stipulé. Les érudits se sont demandé si, pour le calcul de l'anatocisme, la capitalisation des intérêts dus s'opérait à la fin de chaque mois, ou à la fin de chaque année. On

(1) Aristophane, *Nuées*, v, 1155 et 1156.
(2) Ranghabé, *Antiquités helléniques*, n° 902.

n'a pas donné de réponse absolument satisfaisante à cet égard; d'après M. Caillemer, l'une et l'autre pratiques étaient autorisées par la loi et il appartenait aux contractants de choisir. Il est vraisemblable de supposer que la capitalisation des intérêts avait lieu au moment même de leur échéance; or, comme à Athènes le règlement était mensuel, la capitalisation devait s'effectuer tous les mois dans l'immense majorité des cas.

L'anatocisme passa de la Grèce à Rome à une époque qu'il est impossible de préciser; il est impossible aussi de déterminer celle où il encourut les premières prohibitions. Inoffensive en apparence, la clause d'anatocisme est extrêmement dangereuse. Le débiteur se flatte de pouvoir se libérer et compte pour rien les conditions que le prêteur lui impose. On a calculé qu'au taux de 12 % l'anatocisme double le capital en moins de huit ans. C'est comme on l'a dit : « La boule de neige imperceptible au point de départ et qui, dans sa course, va sans cesse grossissant jusqu'au jour où, devenue terrible avalanche, elle porte partout le deuil et la destruction et ne laisse derrière elle que des ruines et des décombres. » Toutes les législations restrictives du taux de l'intérêt se sont attachées à proscrire l'anatocisme. La législation romaine, qui poussait peut-être plus loin que toutes les autres les mesures protectrices, ne devait pas, pour interdire une pareille clause, attendre l'heure de son complet épanouissement. L'anatocisme fut prohibé à Rome à une époque très ancienne. « *Ut nullo modo usuræ usurarum a debitoribus exigantur veteribus quidem legibus constitutum fuerat* (1). » A quelle époque précise faut-il emplacer cette première prohibition? C'est un point que l'histoire n'a pas pu éclaircir complètement.

(1) Loi 28, C., *De usuris*, liv. IV, n° 33.

On pense généralement, en s'appuyant sur la loi 28 *de usuris,* que l'anatocisme fut proscrit par la loi des Douze-Tables, ou tout au moins par une loi de la même époque. Les lois dont il s'agit peuvent seules répondre, dit-on, à la qualification de *veteres leges* que donne le texte et le sénatus-consulte rendu au temps de Cicéron, qui fixa le taux maximum à la centésime et défendit de stipuler l'intérêt de l'intérêt : « *Ut centesimœ perpetuo fœnore ducerentur* (1), » ne fit que renouveler l'ancienne défense tombée en désuétude comme tant d'autres. Cette opinion a rencontré des contradicteurs (2). Le reproche auquel elle ne répondra jamais, c'est qu'elle manque de base ; elle n'invoque aucun argument précis et ne peut, par conséquent, sortir du domaine des hypothèses. Rien ne permet de prendre pour la loi des Douze-Tables les *veteres leges* dont parle la loi 28; bien au contraire, ces expressions témoignent d'une grande incertitude que Justinien n'aurait pas eue vraisemblablement s'il se fût agi de la célèbre législation des décemvirs. Remarquons, du reste, que, si comme nous allons chercher à l'établir, l'anatocisme ne fut prohibé qu'au temps de Cicéron, il n'en reste pas moins fort naturel que Justinien ait qualifié le document législatif qui édicta cette prohibition de *veteres leges,* puisque plus de cinq siècles s'étaient écoulés depuis. De nos jours, pour qu'une loi soit qualifiée d'ancienne, il n'est pas besoin d'un aussi long délai.

Rien ne prouve donc que l'anatocisme ait été prohibé par la loi des Douze-Tables. La première prohibition que l'histoire ait enregistrée est celle du sénatus-consulte qui établissait le taux de la centésime, et l'on a bien des rai-

(1) Cic. *Ad Att.*, liv. v, ép. 21, n° 13.
(2) Caillemer, *Des intérêts,* Ch. iv, pag. 215.

sons de présumer que ce fut, en réalité, la plus ancienne. Ce n'est pas, comme on l'a dit, parce que les décemvirs avaient emprunté les dispositions de la loi des Douze-Tables à la législation grecque et qu'en Grèce l'anatocisme était autorisé ; cet argument est sans force. Il est vrai que, d'après Tite-Live, une députation aurait été envoyée en Grèce pour étudier les lois de Solon, mais on sait que rien n'est plus contesté que ce récit. Aucun auteur grec contemporain ne parle de cette députation, et la loi des Douze-Tables, avec son unité et son originalité, avec son caractère national et demi-barbare, en est elle-même un formel démenti. Mais en négligeant cet argument, il est permis d'en invoquer un autre qui nous paraît décisif.

Cicéron, dans une lettre à Atticus, lui raconte qu'en prenant possession de son gouvernement de Cilicie, il avait proclamé dans son édit : « *Centesimæ se observaturum cum anatocismo anniversario* (1). » Il résulte de ce passage que la pratique de l'anatocisme était autorisée à cette époque en Cilicie, et, sans doute, dans la plupart des provinces de l'empire ; nous en concluons logiquement, nous l'allons montrer, qu'il n'avait pas été prohibé par les Douze-Tables; il y a, en effet, une considération qui doit éclairer l'étude de toutes ces questions ardues : c'est l'esprit, c'est la marche de la législation romaine. Toutes les lois qui se succédèrent n'eurent qu'un but : protéger le débiteur, le protéger davantage; s'il en est ainsi, peut-on supposer que Cicéron, innovant sur la législation antérieure, ait permis l'anatocisme à l'encontre de l'opinion publique qui réclamait sans cesse, contre l'usure, de nouvelles garanties. Une semblable conjecture est démentie par la logique et par l'histoire. Si le gouverneur de Cilicie permettait de

(1) Cicéron, *Ad Attic.*, liv. v, *epist.* 21, n°s 11 et 12.

stipuler l'anatocisme, c'est, qu'avant lui, jamais il n'avait été défendu. Quelle que soit, au reste, l'opinion que l'on adopte sur cette controverse, il est hors de doute, qu'à partir du sénatus-consulte, qui, vers l'année 705 de Rome établit le taux de la centésime, l'anatocisme ne cessa plus d'être prohibé.

Une loi que nous avons invoqué dans une autre hypothèse (1) le défendit en termes formels : « .....*Usurarum usuræ nec in stipulatum deduci nec exigi possunt et solutæ repetuntur*..... » Cette prohibition est encore formulée ou mentionnée dans de nombreux textes (2). Quelle en était véritablement la portée? Elle interdisait d'abord incontestablement de stipuler à l'avance l'intérêt des intérêts; mais n'allait-elle pas plus loin, ne défendait-elle pas aux parties de capitaliser par une convention postérieure des intérêts déjà échus? Cette question fut résolue plus tard par Justinien de la manière la plus rigoureuse mais dans le droit classique, c'est-à-dire à l'époque que nous nous proposons d'examiner en ce moment, on admettait, s'il faut en croire le texte d'Ulpien précité, la capitalisation des intérêts échus (3). Cette solution était de tous points absolument conforme à la logique, car pourquoi ne pas permettre au créancier qui pourrait exiger le payement immédiat de ses intérêts, de les laisser à titre de prêt à son débiteur pour qu'ils produisent des intérêts à leur tour. La loi ne pouvait pas défendre au créancier de se faire payer les intérêts et de les repéter ensuite, elle a permis de réduire ces deux opérations en une seule par une stipulation.

(1) Loi 26 D, *de condic indebiti*, XII, 6.

(2) Loi 29 D, *de usuris et fructibus* XXII, 1, — Loi 27 D, *de re judic.*, XLII, 1

(3) En effet le texte ajoute : « *Quemadmodum futurarum usurarum usuræ.* »

Ce qui était prohibé dans le droit classique, c'était l'anatocisme des intérêts à échoir, et cette prohibition était rigoureusement sanctionnée par la loi. Le débiteur qui avait souscrit une obligation de cette nature n'était pas tenu de l'exécuter. S'il avait cru devoir satisfaire à son engagement il pouvait agir en répétition et le créancier qui avait pratiqué l'anatocisme, que le texte assimile à l'*improbum fœnus* encourrait depuis Dioclétien la note d'infamie (1).

VII.

DU TAUX DE L'ESCOMPTE ET DE SON CALCUL.

Quand le créancier se dessaisit de son capital pendant un certain temps, il éprouve un préjudice appréciable; il s'impose une privation et pour se dédommager exige des intérêts. Si un débiteur à terme paye avant que la dette soit devenue exigible, il se prive de l'usage du capital pendant un certain temps, qui reste à courir avant l'échéance; il renonce lui aussi à un avantage appréciable et il est juste qu'il lui en soit tenu compte, qu'il puisse retenir sur le montant de sa dette une somme égale à celle qu'aurait pu produire le capital, s'il l'avait conservé. C'est cette retenue que le langage moderne appelle escompte, à Rome on la désignait sous le nom d'*interusurium*, *repræsentatio*, *commodum temporis*, *commodum repræsentationis*, toutes ces expressions se trouvent dans les textes (2).

(I) Loi 20 C, *ex quib. caus. infam. irrog.* II, 20.

(2) *Interusurium*, l. 9, § 8, D. *de peculio*, XV, 1; l. 66, *ad leg. falcidiam*, XXXV, 2, — *repræsentatio*, L, 24, § 2, D. *soluto matrimonio*, XXIV,

On conçoit qu'il peut y avoir lieu de prélever l'escompte dans tous les cas de paiement anticipé, quel que soit le contrat qui ait donné naissance à la dette ; mais nous n'avons nous, à nous préoccuper de l'escompte que dans son application au prêt à intérêt. Titius emprunte à Gaius une certaine somme d'argent ; les parties conviennent que le remboursement ne pourra être exigé que dans un délai de deux ans ; mais que les intérêts courront immédiatement. Une telle stipulation n'a rien de contraire aux principes du droit romain. Titius pourra se refuser à payer le capital avant le terme, il n'y a pas de doute à cet égard ; mais si renonçant au bénéfice du terme, que nous supposons stipulé dans son intérêt exclusif, il offre à Gaius un paiement immédiat, celui-ci sera-t-il obligé de lui tenir compte de l'*interusurium*. Les principes ne nous permettent aucune hésitation. Titius qui devait servir les intérêts du jour même du contrat, sera libéré de cette obligation par le paiement du capital ; il trouve un avantage dans ce paiement et n'a évidemment aucun droit à l'escompte. Mais si nous supposons, comme cela arrivera normalement, que les intérêts ne commenceront à courir que du jour où le débiteur sera en retard, c'est-à-dire du jour de l'arrivée du terme et que Titius le débiteur veuille payer avant le terme ; le paiement ne fait pas cesser pour lui le cours des intérêts, il n'en devait point il le prive de l'usage de son capital pendant tout le temps ; où il pouvait encore le conserver ; il est équitable qu'il en réserve l'escompte. Mais pourra-t-il l'exiger ? Il faut répondre encore négativement. Le débiteur peut toujours renoncer au bénéfice du terme, sans avoir le droit d'exiger l'es-

3, L. 88, § 5 ; D. *de legatis*, I, (30) ; *Commodum repræsentationis ;* L. 1, § 12, D. *de dote prælegata*, XXXIII, 4 ; *Commodum temporis, medii temporis*, l. 24, § 2 ; D. *soluto. matrim*, XXIV, 3, L. 82, *proe.*, D. *de legatis*, II, (31),

compte. S'il paie c'est qu'il le veut bien, c'est qu'il abdique librement une prérogative qu'il ne tenait qu'à lui de conserver. Il ne faudrait pas cependant donner à cette règle une portée trop absolue, il existe un cas exceptionnel où le débiteur est en droit de prélever l'escompte ; le mari après la dissolution du mariage jouit de certains délais pour la restitution de la dot ; s'il y renonce il peut retenir l'*interusurium* (1). Mais cette hypothèse est étrangère au prêt à intérêt. On peut citer un cas où le créancier d'une somme prêtée à intérêt peut être obligé de supporter l'*interusurium* : ce cas résulte de l'application des principes de l'action Paulienne. Un débiteur insolvable paie par anticipation un de ses créanciers, un prêteur par exemple. Le créancier reçoit un avantage préjudiciable à ses co-créanciers ; ceux-ci auront l'action Paulienne pour réclamer du créancier favorisé ce qu'il a gagné à l'anticipation du paiement, c'est-à-dire l'*interusurium*. C'est ce que le Digeste nous dit formellement : « *Si quum in diem mihi debetur, fraudator præsens solverit, in eo quod sensi commodum ex repræsentatione in factum actionis locum fore, nam prætor intelligit fraudem etiam in tempore fieri* » (2). En règle le paiement anticipé d'une dette à terme ne donne pas droit à l'*interusurium*, mais dans le cas où les intérêts ne doivent pas courir avant l'échéance du terme ce payement constitue tout à la fois une privation pour le débiteur et un avantage pour le créancier, aussi ne manqueront-ils pas le plus souvent d'en tenir compte. Par quel moyen devront ils alors le calculer ? Les lois romaines ne nous donnent pas de règle certaine à cet égard, le champ restait ouvert aux conjectures et les auteurs modernes en ont largement

(1) L. 24, § 2, D. *solut. matr.*, XXIV, 3.
(2) Loi 10, § 12, D. *Quæ in fraud. credit.*, XLVIII, 2.

profité. Trois systèmes ont été proposés que nous allons succinctement faire connaître.

Le plus simple, celui que la pratique moderne a consacré est rattaché d'ordinaire par les auteurs allemands au nom de Carpzov, jurisconsulte saxon du XVIIe siècle, qui le recommande dans ses *decisiones* (1). Il consiste à décompter les intérêts pendant le temps qui reste à courir avant le terme ; c'est la somme de ces intérêts qui constituerait l'*interusurium*. Ce système en comprend en réalité deux autres, bien différents dans leurs résultats : On peut déduire les intérêts de la somme entière, autant de fois qu'il reste d'années à courir avant l'échéance ; on peut aussi faire la déduction des intérêts année par année en commençant par la plus rapprochée de l'échéance. Pour cette dernière année on déduit les intérêts sur le capital entier ; pour l'année qui la précède sur le capital ainsi amoindri, et on remonte ainsi d'année en année jusqu'à celle où le paiement s'effectue. Des exemples nous feront mieux comprendre.

Point de difficulté pour la première méthode ; soit un capital de 10,000 qui au douze pour cent donne 1,200 par an, exigible dans quatre ans, l'escompte sera égal à l'intérêt annuel multiplié par le nombre des années restant à courir : ce qui fera 4,800.

Dans la deuxième méthode au contraire, voici avec les mêmes données comment on procédera. Il faut décompter d'abord l'intérêt de la deuxième année calculé sur la somme entière, ce qui, pour 10,000, donne 1,200. On retranche cette somme du capital primitif et on obtient ainsi celle sur laquelle on va calculer les intérêts de l'année précédente : soit dans notre espèce 8,800. Les intérêts de 8,800 au

(1) Carpzov, § 3. *Decisio* 275.

12 0/0 sont de 1,056. On soustrait 1,056 de 8,800 pour obtenir le capital fictif sur lequel se calculeront les intérêts de l'année antérieure : on obtient 7,744; les intérêts de cette somme sont de 929,28, il suffit de les en déduire pour obtenir celle sur laquelle doivent être calculés les intérêts de l'année la plus rapprochée du moment où on fait l'escompte. On trouve ainsi comme capital fictif 6.814,72 et comme intérêts 817,7664. Pour avoir l'interusurium des quatre ans, il suffit d'additionner les intérêts ainsi cherchés pour chacune des quatre années 1.200 + 1.056 + 929,28 + 817,7664 = 4.003,0464. L'*interusurium* pour les quatre années sera de 4.003,0464 dix millièmes.

Ces deux méthodes encourent une critique commune; le créancier qui fait l'escompte éprouve un préjudice dans l'une et l'autre. La somme qu'il reçoit, placée à intérêts, ne lui donnera jamais un capital égal au montant primitif de la créance qui s'éteint. En voici la preuve : nous avons dit que dans la première manière de calculer, l'escompte à prélever sur un capital de 10.000, exigible dans quatre ans, serait au 12 pour cent de 4,800. Le débiteur se libérera par conséquent moyennant une somme de 5,200. Si le créancier place cette somme de 5.200 au 12 pour cent, il recevra annuellement 624 d'intérêts, soit pour quatre ans, 2.492. Additionnons la somme des intérêts 2.492 avec la somme du capital reçu en paiement 5.200, nous obtenons 7.692. Le créancier pour une créance de 10.000 ne recevra en tout que 7.892; il perdra 2.308. Le débiteur à qui l'escompte sera fait n'aura à payer que 5.996,9536 dix millièmes.

Par la deuxième méthode, on arrive à des conséquences à peu près aussi injustes. Nous avons calculé que le créancier d'une dette de 10,000 exigible dans quatre ans ne recevrait que 5.996. S'il place cette somme au 12 pour cent, il en retirera annuellement 719 et pour quatre ans 2.876.

2.876 additionnés avec 5.996 ne donne que 8.872. Le créancier perdra encore 1.188. Ici tout au moins quel que soit le terme de l'exigibilité, le créancier qui fait l'escompte recevra toujours quelque chose ; dans la première méthode au contraire on peut concevoir un terme assez long pour que l'escompte absorbe complètement le capital tout entier. Dans l'espèce que nous avons choisie, si on prolonge le terme d'exigibilité au-delà de huit ans, comme douze n'est pas contenu plus de huit fois dans cent, le débiteur, en invoquant l'escompte, pourrait se libérer sans bourse délier, et si le terme était de 10, 12, 14 ans, il faudrait, pour être logique, lui permettre d'exiger lui-même une certaine somme du créancier.

De pareilles conséquences suffisent à faire juger le système qui les produit ; mais quand la logique est aux prises avec la raison pratique, il n'est pas rare de la voir succomber. En dépit de toutes les critiques, c'est le système de Carpzov, première méthode, qui sert de nos jours dans le commerce au calcul de l'escompte et il est infiniment vraisemblable, que ce fut aussi celui dont les Romains firent usage. Seul il est à la portée de la masse par la simplicité de ses calculs.

Ce second système proposé, est connu des Allemands sous le nom du jurisconsulte Hoffman. Il consiste à chercher un nombre inconnu, qui, joint aux intérêts, que ce nombre peut produire pendant le temps intermédiaire, doit atteindre le chiffre du capital dont on veut calculer l'*interusurium*. L'escompte est la différence entre ce nombre inconnu et le capital. « Si le débiteur voulait rembourser aujourd'hui un capital de 10000 exigible dans trois ans, il ne devrait donner que 8695,65 ; car cette somme avec les intérêts au cinq pour cent qu'elle produirait pendant trois ans est égale à 10000. L'interusurium serait donc de 1304,35 » (1). Ce système exige évidemment des calculs trop difficiles pour qu'on puisse sérieusement le recommander en pratique ; au point de vue théorique même il a été critiqué ; on a fait observer que les intérêts de la première année peuvent eux-mêmes produire intérêt la seconde et qu'il faut tenir compte de cet intérêt des intérêts pour la recherche du nombre inconnu qui figure le capital escompté. Leibnitz a proposé de rechercher un nombre inconnu, qui, avec l'intérêt, et l'intérêt des intérêts serait égal au capital primitif. Ce nombre inconnu pour une dette de 10000 payable en trois ans, serait de 8638,37 ; l'interusurium, c'est-à-dire les intérêts de trois ans, au cinq pour cent, serait donc de 1361,63. Ce système est, on le voit, plus compliqué encore que le précédent, et ce n'est pas trop s'avancer de dire que les Romains ne l'ont même pas soupçonné. Bien que les textes ne nous fournissent aucun renseignement sur ce point ; on peut affirmer sans témérité, que l'usage consacrait la méthode qui consiste à retrancher du capital les intérêts qu'il produirait, s'il restait entre les mains du débiteur. Les deux autres exigent des connaissances que le vulgaire, qui prête et emprunte n'a jamais eues et la loi qui est pour tout le monde, doit nécessairement se mettre à la portée de ceux qui ont à en faire usage. Ce n'est pas à dire, bien entendu, qu'il ne fut pas permis à Rome de calculer l'escompte d'après les deux méthodes exposées par Hoffmann et par Leibnitz ; l'escompte n'était jamais obligatoire pour le prêteur, si donc il y consentait, il était maître d'en régler les conditions. Ce que nous avons prétendu, c'est que la pratique ne connut jamais que le système auquel Carpzov a depuis lors attaché son nom.

(1) Maynz, *Cours de droit romain*, tom. 2, pag. 65.

Le paiement par anticipation peut porter sur le capital ou seulement sur les intérêts; dans les deux cas, il y a lieu de prélever l'escompte ; mais l'escompte sur le capital et l'escompte sur les intérêts ne doivent pas être confondus. Si le capital est payé à court terme, le créancier n'est pas obligé de faire l'escompte, le débiteur n'est pas en droit de l'exiger, il paye librement et, en renonçant au bénéfice du terme, trouve dans sa libération un dédommagement suffisant. Ce n'est que le consentement du créancier qui peut procurer au débiteur le bénéfice de l'escompte et ce consentement librement donné, peut être librement règlementé dans ses conditions, c'est-à-dire que le taux de l'escompte est libre. Quand le prélèvement s'opère sur le capital, cette proposition est rigoureusement exacte ; elle ne le serait plus, si elle se référait à l'escompte des intérêts. Il faut que le taux de l'escompte soit assez élevé pour que le prêt à intérêt ne devienne pas usuraire, car tout avantage usuraire doit être retranché. Si le prêt a été consenti au taux légal de 12 0/0, tout paiement anticipé des intérêts, devra donner lieu au prélèvement de l'escompte ; le créancier reçoit en effet *plus tempore* que ce que la loi l'autorisait à recevoir, il faut réduire les intérêts au taux strictement légal du 12 0/0 ; c'est-à-dire en retrancher l'*interusurium* des intérêts payés avant l'échéance. Dans ce cas le taux de l'escompte sera-t-il libre ? Non, évidemment, car il ne pourra pas descendre au-dessous du 12 0/0. Si le débiteur paye avant terme des intérêts calculés sur le capital au taux de 12 0/0 et reçoit l'escompte de ces intérêts au 12 0/0, il ne perd rien, car la somme qu'il a payée, s'il l'avait conservée ne pouvait lui procurer un intérêt supérieur à l'escompte qu'il reçoit. Le créancier qui encaisse les intérêts escomptés ne fait aucun profit supérieur au taux légal ; mais il en serait tout autrement si l'escompte était fait à un taux inférieur au 12 0/0, le quatre, le trois, le un pour cent par exemple.

Supposons l'*interusurium* de 1 0/0 prélevé sur les intérêts payés par anticipation, le débiteur perd la jouissance d'une certaine somme qu'il pouvait placer au 12 0/0, il reçoit à raison de la perte de cette jouissance un *interusurium* de un pour cent, il perd en réalité un avantage égal au 11 0/0 des intérêts qu'il a payés. Si le prêt a été consenti au taux de 12 0/0, le créancier bénéficie outre les intérêts légaux, d'un avantage égal au 11/100 de ces intérêts, cet avantage est usuraire et doit être retranché. Dans cette hypothèse, le taux de l'escompte des intérêts n'est donc pas libre. La règle est que toutes les fois que le capital aura été prêté au taux légal, l'escompte des intérêts devra aussi être fait au taux légal. Quand le taux de l'escompte sera-t-il libre ? Toutes les fois que le sort principal aura été prêté à un taux assez peu élevé, pour que l'*interusurium* des intérêts payés par anticipation calculé au taux de 12 0/0, ajouté aux intérêts, arrive à former une somme inférieure à celle des intérêts calculés au taux légal. Elucidons le principe par des exemples. Soit 100.000 prêtés au 11 0/0 ; les intérêts d'un an seront de 11.000 ; ces intérêts sont payés par anticipation ; si le débiteur les avait conservés, ils lui auraient rapporté, au 12 0/0, 1.320. Le créancier en les recevant recueille donc en outre un avantage égal à 1320. Il reçoit en réalité, d'une part 11.000, d'autre part 1320, total 12.320. Au taux légal de 12 0/0, ses 100.000 ne devraient lui rapporter que 12.000 ; il ferait donc un bénéfice usuraire de 320 qui devrait être retranché. S'il fait l'escompte, il pourra en être différemment, à condition que le taux de l'escompte soit assez élevé pour ramener le chiffre de 12.320 à celui de 12.000, qui représente les intérêts légaux de 100.000. Ainsi le taux de 1 0/0 qui donnerait 110, celui de 2 0/0 qui donnerait 220 seraient insuffisants. Mais le taux de 5 0/0 qui donne 330 est assez élévé pour mettre le créancier qui reçoit un paiement anticipé, à l'abri de toute réclamation. Il va sans dire que le créancier, qui fait l'escompte, peut toujours le faire à un taux plus élévé : 4, 5, 6, 12 pour cent et au-dessus, car s'il y a un maximum au taux de l'intérêt, il n'en existe pas pour le taux de l'escompte.

Remarquons que si le capital a été prêté au 10 0/0 ou au-dessous l'escompte n'est jamais obligatoire. En effet, 100.000 au 10 0/0 donnent 10.000, l'escompte de 10.000 au 12 0/0 est de 1,200. L'addition de ces deux chiffres ne donne jamais que 11.200, chiffre nécessairement inférieur à celui de 12.000, qui représente les intérêts légitimes.

C'est tout ce que nous avons à dire de l'escompte.

VIII.

DU TAUX DE L'INTÉRÊT DANS LA LÉGISLATION DE JUSTINIEN.

Le taux de l'intérêt fut un des points législatifs où l'esprit novateur de Justinien se donna le plus librement carrière. Il ne craignit pas de s'attaquer à la centesime que les siècles avaient respectée, il alla plus loin : il modifia les règles suivies jusqu'à lui dans le calcul de la *computatio dupli* ; aggrava la prohibition de l'anatocisme ; créa des catégories privilégiées de prêteurs et d'emprunteurs, en un mot transforma de fond en comble la législation.

Ce fut une pensée de protection qui dicta ces réformes. Une révolution économique s'était accomplie, le numéraire n'était plus rare comme aux temps tourmentés qui marquèrent la fin de la République, le taux usuel de l'intérêt restait bien au-dessous de celui que la loi permettait encore, et les prêteurs peu scrupuleux profitaient seuls de la tolérance légale. Justinien cru le moment venu de mettre en harmonie les lois et les faits. De la *semisse* ou 6 0/0 il fit le taux de droit commun, permit aux commerçants et banquiers le 8 0/0 *bes centesimœ*, enfin, reprenant l'idée d'Alexandre Sévère, qui avait défendu l'usure aux sénateurs, il restreignit au quatre pour cent, *tertiam partem centesimœ*, l'intérêt que pourraient retirer les grands et les nobles *illustres personœ*. Le fisc et les villes, dans leurs prêts aux particuliers, étaient tenus de ne pas dépasser le taux légal. Nous trouverons même dans un texte (1) cette particularité remarquable que le fisc ne pouvait jamais réclamer des intérêts supérieurs, quelle que fut l'origine de la créance; un commerçant avait emprunté au taux commercial de 8 0/0, s'il cédait sa créance au fisc elle changeait de nature et ne produisait plus que le 6.

Justinien compléta cette règlementation du taux par des dispositions spéciales en faveur de l'agriculture. Les promesses de la terre sont souvent menteuses, l'homme des champs les escompte trop facilement, il est trop disposé à se procurer des avances par des engagements au-dessus de ses facultés ; si la récolte trompe ses espérances il ne peut servir les intérêts qu'il a promis, le créancier perd patience, il saisit les instruments de travail, il saisit les bestiaux, il saisit la terre ; la culture est interrompue, les champs restent en jachère et la société intéressée à la production individuelle, source du bien-être général, est atteinte elle-même, par de là le laboureur imprévoyant qui

(1) Loi 3 C. *de fiscalibus usuris*, x, 8.

a compromis étourdiment l'héritage qui lui était départi. Une législation sagace doit prévoir et entraver de pareils résultats ; l'agriculture a besoin d'être protégée. Justinien le comprit, et si par le choix des moyens qu'il employa, dépassant le but qu'il s'était proposé, il porta atteinte au crédit agricole, l'histoire lui reconnaîtra du moins le mérite d'avoir su discerner le mal et d'avoir voulu y porter remède.

Les Novelles XXXII, XXXIII, XXXIV, décidèrent qu'on ne pourrait exiger des cultivateurs que *siliquam pro solido*. La *siliqua* était la vingt-quatrième partie du *solidus*, *siliquam pro solido* c'était donc le denier 24 ou le 4 1/6 0/0. Si le cultivateur ne s'acquittait pas on ne pouvait saisir ni ses charrues, ni son bétail, ni sa terre. On faisait ainsi à l'homme des champs une situation exceptionnelle, mais la protection dont on prétendait le couvrir devenait pour lui la plus lourde entrave. Le créancier qui traitait avec lui ne pouvait stipuler qu'un intérêt infime et la loi lui retirait les moyens d'en exiger le service régulier. Dans ces conditions les agriculteurs sans avances ne trouvaient plus de prêteurs et les champs restaient sans culture. Le but était dépassé.

Ce n'est pas, on le voit dans la valeur de l'argent, que Justinien chercha le principe de ses réformes sur le taux de l'intérêt ; mais dans la qualité des personnes, dans la situation plus ou moins élevée du prêteur, plus ou moins digne d'intérêt des emprunteurs. La désobéissance allait se déguiser sous l'interposition des personnes, le noble allait faire stipuler les intérêts de son capital par le particulier, le particulier par le commerçant ; l'agriculteur allait s'engager par l'intermédiaire d'un tiers ; Justinien-condamna ces fraudes et décida qu'on apprécierait le contrat entre les parties sans tenir compte de l'interposition (1).

Il atteignit encore le taux de l'intérêt par les modifications qu'il apporta au calcul de la computatio dupli et par les prohibitions plus rigoureuses qu'il édicta contre l'anatocisme.

Au temps des jurisconsultes classiques, nous l'avons vu, les intérêts cessaient de courir lorsque la somme des *intérêts dus* formait un chiffre égal au capital (2). On ne voulait pas que l'usurier, par une complaisance calculée, put insensiblement conduire son débiteur à la ruine. Le créancier menacé de voir le cours de ses intérêts suspendu ne cessait pas d'en poursuivre le recouvrement, le débiteur ne s'endormait pas dans une indifférence pleine de péril, et ramené malgré lui à la conscience de sa situation, trouvait dans la nécessité, des forces pour en briser les entraves. Justinien négligea ces considérations. Dès que les intérêts payés ou non eurent atteint le chiffre du capital, ils cessèrent de courir (3). Une créance ne pouvait ainsi produire qu'une somme égale à elle-même et quand ce résultat était atteint, le créancier qui ne voulait pas voir son argent improductif était dans la nécessité d'en exiger le remboursement immédiat. Ici encore la protection que la loi prétendait accorder au débiteur se retournait contre lui.

Remarquons en passant que cette innovation ne s'étendit pas aux prêts faits par les villes (4).

L'anatocisme était prohibé dans le droit classique, mais nous savons comment il fallait entendre cette prohibition.

(1) Loi 26 *(in fine)*. C. *de usuris*, IV, 32.
(2) Loi 10. C. *de usuris*, IV, 32.
(3) L. 29, C. *de usuris*, IV, 32.
(4) L. 30, C. *de usuris*, IV, 32 ; *nov.* CLX, ch. 1.

Les parties ne pouvaient stipuler au moment du prêt que les intérêts à échoir produiraient eux-mêmes des intérêts mais on les autorisait à capitaliser les intérêts échus et à les rendre eux-mêmes productifs par une stipulation postérieure. Il n'y avait là rien que de très logique, le créancier pouvait se faire payer les intérêts échus et les prêter immédiatement avec intérêts à un autre emprunteur, pourquoi ne lui aurait-on pas permis de les confier au débiteur primitif. Justinien crut voir là une faculté dangereuse et la supprima. Les intérêts échus ne purent plus désormais produire intérêt en vertu d'une stipulation postérieure, et l'emprunteur qui avait pris l'engagement de les payer n'était pas tenu d'exécuter sa promesse (1).

Telles furent, dans leur ensemble, les réformes de Justinien sur le taux de l'intérêt. L'empereur, impatient d'en voir généraliser l'application, leur imprima une autorité rétroactive et les intérêts dus en vertu de stipulations antérieures à la nouvelle législation, mais échus postérieurement, furent réduits au taux nouvellement établi (2).

On pourra se demander quelle était la sanction de ces diverses prohibitions? L'œuvre législative de Justinien ne reproduit pas la peine du quadruple, édictée par les douze tables et renouvelée par Théodose II et Valentinien III (3); mais en revanche, la constitution de Dioclétien et de Maximien, qui note les usuriers d'infamie, a trouvé place dans le Code (4). Ce fut la seule sanction pénale. La sanction civile fut la même que dans le droit classique. Le débiteur d'intérêts usuraires pouvait se refuser à les payer; s'il l'avait fait, pouvait en imputer le montant sur le capi-

(1) L. 28, C. *de usuris*, IV, 32.

(2) Loi 27, C. *de usuris*, IV, 32.

(3) Loi 2, *Code théod. de usur.* II. 33.

(4) Loi 20, C *ex quibus causis infamia irrog.* II 12.

tal, et les répéter s'il avait payé le capital lui-même (1).

Après la promulgation du Digeste et du Code, Justinien institua en faveur des banquiers un taux légal dans le sens que nous prêtons aujourd'hui à cette expression. Il décida que les prêts faits par eux produiraient intérêt en dehors de toute stipulation, et que, si le taux de ces intérêts n'était pas déterminé par la convention, il serait de 8 0/0. C'est la première fois que nous voyons, dans le droit romain, la loi suppléer les contractants, dans la fixation du taux de l'intérêt ; et remarquons, que le taux légal présumé à défaut de convention est en même temps le taux maximum. Nous retrouverons des dispositions analogues dans la loi de 1807.

IX.

Règles spécales a l'intérêt maritime.

Les règles que nous avons développées ne s'appliquent pas au prêt maritime. Ce contrat que la langue latine désignait d'un nom spécial : *nauticum fœnus*, était régi par des principes qui en faisaient un contrat absolument distinct du prêt à intérêts, par sa nature, sa constitution et ses effets.

Avant Justinien, le taux du *nauticum fœnus* était libre ; quelques explications vont nous rendre raison de cette particularité.

(1) Loi 20 et 29 D *de usuris* XXII, 1, Loi 26 § 1. C *de usuris* IV, 32.

Qu'est-ce que le *nauticum fœnus?*

M. Vernet, va nous le dire : « C'est un contrat par lequel une personne transfère à un armateur la propriété d'une somme d'argent pour acheter un navire, ou les marchandises qui doivent lui servir de cargaison ; ou bien encore pour être transportée au lieu où les marchandises seront achetées, à la condition que celui qui a ainsi donné son argent prendra à sa charge les risques de la navigation qui doit avoir lieu à telle époque, de tel endroit à tel autre ; en sorte que si le navire fait naufrage, il ne lui sera rien dû, tandis que dans le cas contraire, on lui devra et la somme prêtée, et une somme en plus fixée par les parties, comme elles l'entendent ; somme considérée comme le prix du risque (*periculi pretium*) et appelée usure maritime ».

Cette définition fournit une idée très-complète du *nauticum fœnus* aussi nous ne nous attarderons pas à discuter la nature de ce contrat. Qu'il faille y voir un *mutuum* et un contrat innominé avec Cujas, un contrat innommé seulement avec Savigny, un *mutuum* régi par des règles spéciales avec la majorité des romanistes ; que l'exécution puisse en être poursuivie par la *condictio*, par l'action *præscriptis verbis* ou par la première de ces deux actions, pour la restitution de la somme prêtée, et pour le paiement de l'usure maritime par la seconde ; tout cela est sans intérêt au point de vue spécial qui nous occupe. C'est le taux seulement que nous nous sommes proposé d'étudier.

Nous nous sommes demandé les raisons qui avaient fait maintenir la liberté du taux dans le *nauticum fœnus* ; il est facile de les indiquer. L'analyse nous montre dans ce contrat deux opérations juridiques bien distinctes : le prêt de capitaux et l'assurance maritime. L'assurance présente des risques plus ou moins grands suivant les conditions auxquelles elle est consentie ; c'était aux parties à déterminer l'importance de ces risques ; la loi n'avait pas à intervenir. C'est la raison que nous donne Paul dans ses sentences : « *Trajectitia pecunia propter periculum creditoris quamdiù navigat navis infinitas usuras recipere potest* (1) ». Le prêt maritime dérogeait gravement au droit commun en mettant les risques d'une chose de genre à la charge du créancier ; cette dérogation ne devait pas être étendue. Le voyage terminé, les risques cessent pour le prêteur, l'obligation de l'armateur prend naissance. Mais le prêteur pourra-t-il exiger les intérêts tant de la somme prêtée que du *nauticum fœnus*, du jour où l'armateur a été tenu, jusqu'à celui où il s'est libéré de son obligation. Aucune loi ne lui en confère la faculté; une fois le navire au port, l'opération est finie et le pacte qui lui a donné naissance n'a rien pu prévoir au-delà. Rentrés l'un et l'autre dans le domaine du droit commun, le prêteur et l'emprunteur, n'ont pas eu la faculté de faire produire à un simple pacte, une créance d'intérêts. Pas de doute sur ce point.

Mais auraient-ils pu, soit au moment du contrat, soit après son accomplissement, convenir par une stipulation que la dette échue à la fin du voyage serait productive d'intérêts? Ici commence la controverse. Dans lé droit classique, où la capitalisation des intérêts échus par une stipulation postérieure était autorisée, on devait permettre aux parties de capitaliser dans les mêmes conditions les sommes dues en vertu du *nauticum fœnus*. Quand plus tard Justinien eût prohibé l'anatocisme d'une manière absolue et que la stipulation des intérêts échus devint illicite, les intérêts du prêt maritime purent-ils encore devenir productifs d'intérêts? C'est une question. C'est aussi une question de savoir si on peut dès l'époque classique par une

(1) Paul, *Sentences*, II, 14, 3.

stipulation spéciale concomitante au *nauticum fœnus*, stipuler les intérêts de l'usure maritime. Ces deux questions reviennent à se demander, s'il faut assimiler l'intérêt maritime à l'intérêt terrestre, au point de vue des défenses portées contre l'anatocisme. Ce point fait l'objet de vives controverses.

Pothier, soutenait l'assimilation. Pour lui les usures maritimes étaient tout aussi improductives d'intérêts que les usures terrestres et il croyait, en le décidant ainsi, faire l'application du texte qui défend de stipuler « *usurarum usuras*, » l'intérêt des intérêts, sans distinction entre les usures maritimes et les usures terrestres (1).

Quelle que soit l'autorité qui s'attache au nom de Pothier, nous ne croyons pas pouvoir le suivre dans cette voie. La *trajectitia pecunia* était dans l'esprit des Romains une conception bien différente du prêt à intérêt et le *fœnus nauticum* ne doit pas être assimilé au *fœnus terrestre*. Le Digeste et le Code lui ont consacré des titres distincts (2), c'est là qu'il faut chercher les règles qui le régissent. Aucun texte dans ces deux titres n'assimile à l'anatocisme l'hypothèse qui nous occupe, aucun ne formule contre elle les mêmes prohibitions. C'est que les raisons qui ont fait prohiber l'anatocisme tant dans la loi romaine que dans la plupart des législations, ne peuvent trouver ici leur place. Si on redoute l'anatocisme, c'est qu'on présume qu'il peut, par l'accumulation et la multiplication indéfinie des intérêts, devenir pour l'emprunteur une cause inévitable de ruine; pour qu'une pareille supposition puisse se produire, il faut admettre toute une série de capitalisations successives. Ici, en aucun cas, il ne saurait s'en former plus

(1) Loi 29 D *de usuris* XII, 1.
(2) D. XXIII, 2, C. IV, 33.

d'une. L'intérêt maritime exigible, nous le verrons, en une seule échéance, se capitalisera seul et les intérêts qui plus tard seront dus, tant à raison de l'ancien que du nouveau capital, demeureront à tout jamais soumis à la prohibition. Il n'y a pour le débiteur aucune surprise, aucun danger appréciable, la loi n'a pas eu à se préoccuper de le protéger. L'interdiction de l'anatocisme se justifie par une autre considération : si les intérêts avaient été payés à l'échéance, il est infiniment probable que le créancier les aurait affectés à ses dépenses courantes, qui se seraient ainsi augmentées avec ses revenus; et ne les eût-il pas dépensés de suite, il n'aurait pas songé à les rendre productifs; on ne place pas des sommes aussi minimes. Si donc le créancier reçoit de son débiteur l'intérêt simple de son argent, il n'éprouve aucun préjudice. Mais quand il s'agit de l'usure maritime, un semblable raisonnement est-il possible? La créance du *nauticum fœnus* échoit en même temps que celle du sort principal et les deux sommes se confondent en une seule. Rien n'est plus facile que de leur trouver un placement avantageux; rien n'est plus logique que de le faire, car l'usure maritime est un profit considérable, incertain, exceptionnel qui ne peut se confondre avec les revenus que l'on dépense au cours de ses besoins.

Nous avons dit que les risques maritimes étaient la seule raison de la liberté du taux dans le *nauticum fœnus*, on devait rationnellement, dès lors, consacrer la même liberté pour tous les cas où des risques semblables menaceraient le créancier. Les textes nous citent plusieurs exemples de cette assimilation ; notamment, le prêt fait à un pêcheur pour acheter des filets à la condition que, s'il prend une certaine quantité de poissons, il rendra le capital et une somme librement stipulée, et que si la pêche n'est pas heureuse il ne rendra rien. L'existence de la créance est subordonnée au résultat de la pêche, il est juste que les parties puissent librement en fixer le chiffre.

Le jurisconsulte Scœvola cite également le prêt fait à un athlète pour se nourrir et s'exercer, avec la condition qu'il ne sera débiteur qu'en cas où il remportera le prix, mais que dans ce cas il devra rendre la somme prêtée et l'intérêt convenu. On comprend que les risques sont ici plus grands que ceux de la mer (1).

Au temps classique, dans le *nauticum fœnus* comme dans les cas qu'on y assimilait, le taux de l'intérêt n'était soumis à aucune règlementation. Il n'était pas limité par les règles de la *computatio dupli* et pouvait atteindre une somme égale ou supérieure au capital, sans que la loi intervint pour en entraver le paiement. Mais les usages du commerce l'avaient déterminé d'une manière à peu près uniforme; le prêteur exigeait le dix pour cent et se réservait en outre la faculté de charger pour son propre compte sur le navire autant de boisseaux de blé qu'il y avait de *solides* dans la somme prêtée. Justinien crut le moment venu de consacrer et de simplifier cet usage. Il décida, dans une constitution insérée au Code, que le taux de l'usure ne pourrait dépasser le centesime (2). Reste à déterminer ce que l'empereur a entendu par ces expressions; le taux licite est-il du douze pour cent du capital calculé une fois pour toutes dans chaque entreprise, est-ce au contraire le douze pour cent par an.

La constitution est muette et on est réduit à trancher la question par des conjectures. A la différence des intérêts terrestres qui se payaient par an ou par mois, la coutume avait voulu que les intérêts maritimes se payassent

(1) Loi 7, D. *de naut. fœnos*, XXII, 2.
(2) Loi 26 C. *de usuris*, IV, 32.

en bloc après l'achèvement de l'entreprise ; ce n'était, en effet, qu'à ce moment qu'on pouvait dire avec certitude que la dette existait. De ce paiement en bloc on peut logiquement induire le calcul en bloc ; le douze pour cent serait pris alors une fois seulement sur le capital, quelle qu'ait été la durée de l'entreprise. Comment expliquer le calcul par an si l'on songe que le bassin de la Méditerranée formait à peu près tout le monde connu des anciens, et que, dès lors, un an devait suffire à l'accomplissement des plus longs voyages. Ces considérations qui nous paraissent d'un grand poids, ne sont pas parvenues à rallier tous les esprits. Plusieurs auteurs soutiennent que les intérêts maritimes, comme les intérêts terrestres, se calculent par an ; après avoir fixé à six pour cent par an le taux de droit commun, à quatre pour cent le taux pour les sénateurs, à huit pour cent le taux pour les banquiers, Justinien dit que le taux de l'intérêt maritime serait du douze pour cent, il a, dit-on, voulu clairement exprimer par cette assimilation que les intérêts maritimes eux aussi se calculeraient à tant pour cent par an. Nous ne contestons pas la valeur de cet argument, mais ceux que nous avons exposés plus haut nous paraissent préférables.

La limitation du taux dans le *nauticum fœnus* fut-elle une innovation heureuse (1)? On pourrait peut-être le contester. Les risques varient à l'infini avec les conditions du voyage et les parties seules sont à même de les appré-

(1) Certains interprètes ont prétendu restreindre la portée de la loi 26 ; laissant, pour la plupart des cas subsister l'ancienne législation qui laissait aux parties, le soin de fixer le taux du *fœnus nauticum*. Cette interprétation, contredite par la généralité du texte, ne s'appuie sur aucune raison juridique, elle ne peut pas être sérieusement défendue, Dumoulin, *contract. usur.*, n° 9 et s. Emerigon, *Contrats à la grosse*, 1. sect. 1, l'ont cependant soutenue.

cier. Justinien lui-même revint plus tard sur sa décision et rétablit la liberté du taux de l'intérêt maritime (1), mais se ravisant bientôt (2), il remit en vigueur la règle posée dans la loi 26. Le taux du *nauticum fœnus* resta ainsi fixé au douze pour cent.

X.

DU TAUX DE L'INTÉRÊT DANS LE BAS-EMPIRE APRÈS JUSTINIEN.

Jusqu'ici nous avons vu intervenir la loi pour règlementer le taux de l'intérêt, mais non pour proscrire le prêt à intérêt lui-même ; cependant, à la faveur des doctrines du christianisme, une nouvelle théorie s'était introduite que nous aurons à apprécier plus tard, qui ne tendait à rien moins qu'à prohiber ce contrat de la manière la plus absolue. Cette théorie fut, pour la première fois, transportée dans la législation par l'empereur Basile. Le *mutuum* devait être un contrat essentiellement gratuit.

C'est bien l'empereur Basile qui a pris devant l'histoire la responsabilité de cette mesure et non Léon le Philosophe comme l'a cru Bossuet. Ce dernier, fils et successeur de Basile, loin d'édicter la prohibition, la rapporta au contraire, en limitant le taux aux *trientes usuras*, c'est-à-dire au quatre pour cent.

Cet empereur fut assez sage pour permettre un contrat

(1) *Nov.* CVI.
(2) *Nov.* CX.

que la confusion des lois civiles et religieuses, si commune alors, avait fait trop légèrement proscrire, et la postérité le louera d'avoir compris que l'Etat a pour mission de pourvoir au bien-être des peuples, sans se préoccuper de leur salut.

Tel fut le dernier état de la législation sur le prêt à intérêt dans le Bas-Empire.

CHAPITRE III.

Du Taux de l'intérêt dans l'ancien droit français.

I.

PREMIÈRES ATTAQUES DIRIGÉES CONTRE LE PRÊT A INTÉRÊT PAR LA THÉOLOGIE CHRÉTIENNE.

Dès l'époque la plus reculée de son histoire, le christianisme s'éleva contre le prêt à intérêt.

Plusieurs philosophes du paganisme (1) avaient à la

(1) Aristote. — Plutarque. — Caton (2 *de offic.* 25. — Cicéron, *offic.* t. 42. — Sénèque, 7 *epist.* 10. — Pline.

suite d'Aristote contesté la légitimité de ce contrat. L'argent disaient-ils est improductif de sa nature, les bénéfices qu'on en retire sont illégitimes. Nous apprécierons plus tard ce raisonnement.

Les docteurs de la religion nouvelle qui voulaient apporter au monde un enseignement plus pur et une morale plus élevée, ne pouvaient pas sans contradiction se montrer moins rigoureux que les représentants de la sagesse humaine. Les philosophes avaient critiqué le prêt à intérêt, les théologiens en firent un crime, et tous les efforts de la puissance ecclésiastique tendirent à en obtenir la répression du pouvoir séculier.

Mais l'Eglise ne formula pas tout d'un coup sa doctrine rigoureuse, la prohibition atteignit d'abord les prêtres et les clercs et ne fut étendue aux laïcs que bien plus tard. C'est au 44e canon des apôtres qu'il faut remonter pour en découvrir la première trace. « *Episcopus aut præsbiter aut diaconus, usuras a debitoribus exigens, aut desinat aut certe damnetur.* » Elle fut renouvelée plus tard par le Concile de Nicée dans les mêmes conditions. Ce n'est pas qu'à cette époque des critiques violentes ne se fussent déjà élevées contre le prêt à intérêt, pratiqué même par des laïcs ; nous allons voir que les docteurs de l'Eglise universelle l'avaient déjà couvert de leurs imprécations ; mais le Concile ne voulut pas, par une définition dogmatique, mécontenter l'empereur Constantin qui venait de promulguer à nouveau letaux de la centesime, et dont la bienveillance avait été et pouvait être encore pour l'Eglise un puissant auxiliaire.

Les écrivains religieux et surtout les prédicateurs qui étaient tenus à moins de réserve ne gardaient pas les mêmes ménagements. Lactance, le premier osait proclamer l'iniquité d'un contrat où l'on recevait plus qu'on avait donné (1), et tous les Pères de l'Eglise grecque le proclamaient après lui. Saint Basile (2) déploie toutes les ressources de son talent contre l'usure. Saint Grégoire de Nysse, son frère s'étonne qu'on n'ait pas édicté contre cette action abominable les peines canoniques réservées à l'adultère et à l'homicide. Saint Grégoire de Nazianze, compatriote et ami de saint Basile n'est pas moins inexorable ; enfin saint Jean Chrysostôme (3) lui-même prête l'appui de sa grande voix à la cause des proscripteurs. « Ne me parlez pas des lois civiles, s'écrie-t-il, le publicain observa les lois civiles et ne laissa pas d'être condamné. » Tel était l'enseignement dans l'église grecque ; dans l'église latine, nous allons trouver des opinions peut-être plus rigoureuses encore. Saint Ambroise (4), dans sa correspondance avec saint Basile expose la doctrine de la prohibition, et la justifie par des raisons à peu près semblables ; saint Jérôme et saint Augustin (5), l'un à Rome, l'autre en Afrique prononcent aussi vers le même temps la condamnation de l'usure, et l'évêque d'Hippone va jusqu'à se plaindre de l'indifférence des pouvoirs publics dans cette question ; il voudrait voir les tribunaux au service de la loi religieuse. « Les profits usuraires sont des biens mal acquis, mais on ne trouve pas de juge pour en ordonner la restitution ! »

A Rome comme à Byzance, les voix les plus autorisées s'élevèrent dans les chaires chrétiennes contre le prêt à

(1) *Plus autem accipere quam dedisse injustum est.* — Lactance, liv. 6, chap. 18.

(2) Evêque de Césarée en Capadoce, qui vivait au IVe siècle sous le règne de Valens.

(3) Evêque d'Antioche, fin du IVe et commencement du Ve siècle.

(4) Mort en 397.

(5) Saint Jérôme, né en 331, mort en 420 ; saint Augustin, né en 351, mort en 430.

BIBLIOTHÈQUE NATIONALE RF IMPRIMÉS

intérêt. Non contents de formuler des préceptes religieux et des obligations de conscience, les Pères voulaient placer leurs doctrines sous la sauvegarde des puissances séculières. Leurs efforts dans l'église grecque restèrent impuissants ; nous avons vu que l'empereur Basile cédant à leurs instigations voulut prohiber les intérêts, mais cette tentative disparut avec lui ; le prêt à intérêt triompha et l'église grecque elle-même lassée par la résistance se départit à la fin de ses premières rigueurs. La prohibition cessa pour les laïcs et tandis que le Concile de Nicée l'avait édictée pour tous les clercs, le Concile appelé *in Trullo* ne le maintint que pour les clercs majeurs, évêque, prêtre et diacre. Encore ceux-ci l'acceptèrent-ils de mauvaise grâce et déployèrent-ils pour l'éluder toutes les ressources de l'esprit oriental (1).

En Occident le droit canonique exerça une tout autre influence. L'empire débordé de toutes parts par les barbares s'effondrait, les empereurs laissaient échapper le sceptre trop lourd pour leurs mains débiles ; les papes le relevèrent. C'est ainsi que commença cette suprématie temporelle qui devait s'exercer si longtemps sur les sociétés chrétiennes, et laisser après elle, cet esprit dominateur et envahissant, qui dicta à la papauté tant d'anathèmes et provoqua contre elle tant de représailles.

Saint Léon venait d'arrêter aux portes de Rome, les hordes d'Attila ; il crut le moment venu de proclamer la prohibition du prêt à intérêt et puisant dans son autorité morale le droit de donner des ordres aux puissances séculières il décida que l'usure serait réprimée.

Le prêt à intérêt ne devait pas tarder dès lors à être

(1) Ce furent en effet les moines d'Orient qui inventèrent le stratagème des trois contrats que nous exposerons plus loin.

proscrit chez toutes les nations chrétiennes. Il se maintint cependant dans les Gaules longtemps encore (1).

II.

PROHIBITION ABSOLUE DU PRÊT A INTÉRÊT DANS LE DROIT FRANÇAIS DU MOYEN AGE.

Les premiers monuments législatifs qui édictent la prohibition du prêt à intérêt dans les Gaules, sont les *Capitulaires* de Charlemagne et de ses successeurs (2). « *Omnino*

(1) Sidoine Apollinaire, évêque de Clermont, nous apprend qu'un de ses amis nommé Maxime, prêta une somme d'argent à Turpion avec intérêts de 1 % par mois. Turpion ne pouvant satisfaire à ses engagements fit solliciter par l'évêque de Clermont, la remise des intérêts. Maxime venait d'être acclamé par ses compatriotes, évêque de Toulouse, il accorda la faveur qu'on lui demandait, ce dont Sidoine Apollinaire le loue beaucoup, reconnaissant par là que la dette des intérêts était légitime et que la renonciation était une libéralité.

Nous lisons également dans Grégoire de Tours, une anecdote d'où il résulte que le prêt à intérêt demeura licite en Gaule après la décrétale de saint Léon. Didier, évêque de Verdun, après une persécution du roi Thierry, fut rétabli dans sa ville épiscopale; mais il trouva ses ouailles dans un tel état de misère qu'il écrivit au roi Théodebert pour lui emprunter une somme pour les secourir. Il s'engagea à la lui rendre avec les usures légitimes. Cela se passait à peu près vers 539. Si nous voyons un évêque prendre part à un prêt à intérêt c'est que ce contrat était légitime et que les Gaules ne connaissaient pas encore la décrétale de saint Léon.

(2) *Capitulaire* d'Aix-la-Chapelle, 787, ch. 1, ch. 5. On y rappelle la lettre canonique de Saint Léon. — *Capitulaire* de 812. — *Capitulaire* de Louis le Débonnaire, 819 ; de Lothaire, 840 ; d'Olonne, 886, ch. 5.

omnibus interdictum est ad usuram aliquid dari, » dit le *Capitulaire* d'Aix-la-Chapelle. Et un autre *Capitulaire* de l'année 812 est encore plus catégorique, s'il est possible : « *Usuram non solum cleriri, sed nec laïci christiani exigere debent.* »

Plus tard, les rois de la troisième race formulèrent de nouveau cette défense dans de nombreux édits (1). Le bras séculier appuyait l'Eglise dans ses prohibitions ; la cause du prêt à intérêt était perdue. D'ailleurs, l'Eglise elle-même ne faiblissait pas ; à côté des sanctions civiles qu'elle avait enfin obtenues, elle multipliait les anathèmes et les excommunications. Toute une série de Conciles (2) se prononce impitoyablement contre l'intérêt de l'argent, et les docteurs les plus autorisés maintiennent l'enseignement le plus rigoureux. Saint Thomas lui-même, malgré son puissant génie et son jugement si sûr, se laissa entraîner par la tradition dans l'erreur commune, et n'hésita pas à prêter aux proscripteurs l'appui de sa parole autorisée. Cependant le prêt à intérêt ne disparut pas ; les légistes usèrent, pour le défendre, de toutes les armes fournies par la raison et le bon sens, et les Parlements, dans plusieurs provinces, le maintinrent, malgré les défenses de l'Eglise et des rois. Ces derniers, du reste, furent réduits à reconnaître eux-mêmes, implicitement du moins, la légitimité du prêt à intérêt, en le permettant aux marchands dans les foires, aussi bien

(1) Ordonnance de Melun (1211). — Ordonnance de Saint Louis de 1254 ; de Philippe le Hardi de 1276 ; de Philippe le Bel de 1311 ; de Philippe de Valois de 1349.

(2) Concile de Meaux, 845, ch. 55. — Concile de Paris, 850, ch. 21. — 3e Concile de Valence, 855, ch. 10. — Concile général de Latran, sous Innocent II, ch. 13, p. 595. — Concile de Lyon de 1273, sous Grégoire X. — Concile de Lavaur de 1368, qui va jusqu'à faire défense aux juges lais de faire payer les intérêts réclamés, empiétant ici sans détour sur les attributions de la puissance séculière.

qu'en en concédant le monopole aux Lombards et aux Juifs.

De nombreuses régions, dans les pays qui composent aujourd'hui la France, conservèrent la liberté du prêt à intérêt. Les provinces méridionales, où la tradition et les lois de Rome s'étaient maintenues, furent le principal foyer de la résistance. Nous voyons, dans un ouvrage du XIe siècle, les *Exceptiones petri legum romanarum*, que le prêt à intérêt était alors d'une pratique courante, et que le taux était du 12, du 16, du 50 ou même du 60 pour cent, suivant la condition de l'emprunteur et les conditions du prêt. Un voyageur juif, Benjamin de Tudèle, rapporte qu'au siècle suivant, le prêt à intérêt s'exerçait librement à Montpellier. En Provence, les statuts de Béranger permettaient de prêter jusqu'au 80 0/0.

Ces divers témoignages doivent être généralisés, et il est à peu près certain que le Midi tout entier, aux Xe, XIe et XIIe siècles, était resté sourd aux défenses de l'Eglise et des rois. Dans certains Parlements, cette résistance subsista jusqu'à la Révolution. Ceux de Bordeaux et de Toulouse ne permettaient pas de stipuler des intérêts, mais interdisaient la répétition des intérêts payés, à moins que le chiffre n'en fût excessif. Les Parlements de Pau et de Grenoble autorisaient la stipulation d'intérêts et en assuraient directement l'exécution.

On pouvait aussi percevoir des intérêts dans certaines provinces moins importantes ou qui avaient échappé longtemps à la domination des rois. On peut citer : la Bresse, le Bugey, le Valromey, le pays de Gex, l'Alsace, la Lorraine. De tout temps, les ducs de Lorraine avaient autorisé le prêt à intérêt; et le pouvoir ecclésiastique semble avoir montré dans ce pays plus de tolérance qu'ailleurs. Le taux légal avait été fixé à 7 0/0 en 1572; il fut ramené à 3 1/2 pour cent en 1646, puis porté à 5 0/0 par ordonnance du 25 novembre 1667.

On voit, par cette courte énumération que jamais le prêt à intérêt ne disparut complètement du vieux sol gaulois. Il fut pratiqué encore aux foires de Champagne, et plus tard à celles de Lyon. Les foires de Champagne furent autorisées et réglementées par plusieurs ordonnances de Philippe le Bel. Les marchands qui fréquentaient ces foires avaient des comptes entre eux; le roi décida que ces comptes pourraient produire des intérêts, et fixa le taux de ces intérêts à 15 0/0. Coquille nous apprend que dans les foires de Lyon, qui avaient succédé aux foires de Champagne, il était de huit pour cent par an, ou de deux pour cent par foire; mais les guerres civiles le firent monter jusqu'à 18 0/0. Alors, le taux était déterminé par la réunion des marchands, qui le fixaient pour chaque foire; et Dumoulin, qui voulait sans doute se faire pardonner la hardiesse de ses opinions sur d'autres points, conseillait à Henri II de le limiter.

Le privilège des foires de Lyon, consacré par les ordonnances d'Henri IV, de Louis XIII et de Louis XIV (1), s'étendit bientôt à tout le commerce de la ville, et les non commerçants eux-mêmes prirent l'usage de faire des billets. Cette pratique devint si courante, que les prédicateurs reçurent l'ordre de modérer leur zèle à la condamner, pour ne pas soulever de trop violentes protestations.

La faveur dont les foires de Champagne et de Lyon jouissaient de la part des rois, était la condamnation implicite de la théorie canonique de l'illégitimité du prêt à intérêt. On le reconnaissait nécessaire; ce qui est nécessaire ne

(1) Henri III, Edits de 1580 et 1581. — Henri IV, Edit de 1601. — Louis XIII, 1634. — Louis XIV, 1665.

sera jamais illégitime. Mais un aveu plus catégorique encore ne résultait-il pas des concessions faites aux Juifs et aux Lombards par les rois et les seigneurs suzerains du moyen âge.

L'érection des tables de prêt était considérée comme une attribution exclusive du prince, *privilegium regale.* Au lieu d'exercer son droit directement, le prince en concédait l'exploitation aux usuriers juifs et lombards, au prix de tributs et redevances très lourds qui faisaient monter l'intérêt à un taux excessif. En Espagne, en Italie, les exactions des Juifs ne connaissaient pas de bornes (1), et les princes qui défendaient le prêt à intérêt à leurs sujets, y avaient recours eux-mêmes pour s'enrichir à leur préjudice. Il y avait là une contradiction flagrante qui était, pour la conscience naïve de Dumoulin, un profond sujet d'étonnement (2).

Certains princes, plus soucieux du bien de leurs peuples, limitaient par des conditions rigoureuses le privilège qu'ils accordaient aux Juifs. En Allemagne, les empereurs ne les autorisaient à prêter qu'à un taux très modique (3); les rois de France réglementèrent et surveillèrent toujours leurs agissements. Saint Louis, qui acceptait sans réserve l'enseignement de l'Eglise, et qui ne pouvait comprendre qu'un Juif pût légitimement tirer profit d'un acte qu'un chrétien ne pouvait faire sans péché, se décida à extirper

(1) Dumoulin, *Des usures*, p. 64, 65, 66, 67. Il rapporte qu'en Italie les princes, poussés par le besoin d'argent, se faisaient payer par les Juifs des usures si fortes, qu'elles doublaient le capital en trois ou quatre mois.

(2) Il se demande s'il pouvait être permis aux seigneurs « de relâcher la prohibition, moyennant gros butin, à qui il leur plaisait, et de faire avec les Juifs tel cruel monopole pour manger et détruire leurs pauvres sujets. » Dumoulin, *Des usures*, p. 66.

(3) Rodolphe II ne permit que le 5 0/0. Troplong, *Du prêt*, préface, page CVII.

ce scandale de son royaume. On eut beau lui représenter que l'usure était un mal nécessaire; que les Juifs, déjà damnés, pouvaient l'exercer, sans préjudice pour eux-mêmes, au grand profit des sociétés chrétiennes; il n'entendit rien. Il défendit l'usure aux Juifs, et, se méfiant de leur obéissance, leur enjoignit de quitter le royaume. Fort heureusement, ses successeurs furent moins logiques; et puisque, suivant les préjugés du temps, le commerce de l'argent ne pouvait être exercé par tout le monde, il est fort heureux du moins qu'une classe, si méprisée fût-elle, ait pu le concentrer entre ses mains, et conserver ainsi à ces sociétés primitives une institution indispensable à leur développement.

Quand une action est mauvaise, il est également répréhensible d'en être l'auteur principal ou le complice. L'Eglise qui condamnait le prêt à intérêt, qui défendait aux chrétiens d'y jouer le rôle de prêteurs, aurait dû logiquement leur interdire aussi d'y figurer comme emprunteurs. Mais elle aimait mieux fermer les yeux. Il est vrai qu'Innocent III dans une lettre à l'évêque de Narbonne interdisait aux fidèles tout rapport avec les juifs sous peine d'excommunication, mais ce document est resté isolé et les banquiers juifs jouissaient dans l'Etat romain de la même tolérance qu'ailleurs.

Ils ne bénéficiaient pas seuls des profits de l'usure, mais les partageaient avec une autre classe d'hommes également méprisés, que l'histoire désigne sous le nom de Caourcins (1) et de Lombards. Comme les juifs ils reçurent souvent des rois à charge de redevances le privilège de prêter

(1) On s'est demandé d'où venait le nom de Caourcins et plusieurs auteurs l'ont fait dériver de Cahors ville dont les habitants avaient l'habitude de l'usure. D'autres, de Cavour petite ville du Piémont. Quoi qu'il

aux peuples, comme eux ils furent souvent les victimes de spoliations iniques et d'ineptes persécutions. Chassés bien des fois, mais rappelés toujours, ils avaient fini par devenir indispensables, et en 1329 nous voyons un roi de France Charles IV, le Bel, enjoindre aux Italiens ou oultremontains prêteurs et casseniers de fréquenter la foire de Champagne à peine d'expulsion du royaume (1). Mais la tolérance des rois ne les garantissait pas des foudres de l'Eglise : les Lombards étaient excommuniés.

Pour conclure, la prohibition du prêt à intérêt dans la France du moyen-âge comportait trois exceptions : la première résultait de la résistance du Midi aux décisions royales ; la seconde, des autorisations accordées aux marchands qui fréquentaient les foires de Champagne et de Lyon ; la troisième, de la tolérance accordée aux Juifs et aux Lombards. On peut donc en définitive affirmer qu'à cette époque même le prêt à intérêt existait. Quel en était le taux ? Cette question ne comporte pas une réponse uniforme. Le taux variait suivant les régions, les époques, l'abondance ou la rareté de l'argent. Nous avons vu d'après les *exceptiones Petri* que dans le midi, au XIe siècle, il se déplaçait entre le 12 et 60 pour cent. M. Léopold Delisle a calculé d'après les titres de plusieurs établissements religieux de Normandie, qu'aux XIIIe et XIVe siècles, l'intérêt moyen était dans cette province de 10 %. Nous savons aussi que Philippe le Bel fixa le taux maximum à 20 % et à 15 % dans les foires ; mais ce ne sont là que des exemples, chaque province avait ses coutumes et ses mœurs et

en soit de ces explications sur lesquelles il serait bien difficile de prendre parti, l'expression de Caourcins comme celle de Lombards s'était généralisée et servait au moyen-âge à désigner les étrangers qui exerçaient le commerce de l'argent.

(1) Ordonnance du Louvre, p. 880.

le taux de l'intérêt variait avec elles. L'étude de ces variations pourrait faire l'objet de bien des volumes ; ce serait dépasser notre but que de l'entreprendre, mais la conclusion naturelle qu'il convient de tirer de ce rapide examen, est que les entraves apportées au commerce de l'argent en augmentèrent considérablement la valeur. Le taux était partout très élevé; rien de surprenant du reste, si l'on songe que les prêteurs constamment menacés par la barbarie du temps, n'exerçaient leur profession qu'au prix de très lourdes charges et sous la menace des plus grands périls.

En dehors des exceptions que nous venons de signaler, le prêt à intérêt était absolument interdit. Pour éluder la loi, la pratique inventait les plus ingénieux détours, mais l'Eglise faisait bonne garde et dans les tribunaux ecclésiastiques où elle siégeait réprimait sans merci toutes ces tentatives. Les tribunaux ecclésiastiques s'étaient en effet arrogé la connaissance des questions d'usure. « La connaissance de l'usure appartient à la cour de Chrétienté, » disait Beaumanoir. Une anecdote que nous rapporte Dumoulin et qu'il emprunte lui-même à Pierre d'Acharan pourrait, s'il était besoin, nous en fournir une autre preuve. Un bourgeois de Séez nommé Reynier prêtait gratuitement aux pauvres, mais ceux-ci par reconnaissance en lui rendant son capital avaient coutume de lui faire un cadeau. Ce bourgeois étant mort, l'évêque fit le procès à sa mémoire et son testament fut cassé. On voit par cet exemple avec quelle rigueur les juges de l'Eglise accomplissaient leur mission. Ils en furent du reste dépouillés de bonne heure, et déjà du temps de Coquille, la compétence ecclésiastique pour juger les questions d'usure n'était plus qu'un souvenir. « A bon droit, dit-il, nous n'avons pas tenu cette opinion en France. Ains dirons qu'aux juges lais en appartient la connaissance contre les lais. » Contrairement à ce qu'il était permis d'espérer, la juridiction séculière devait longtemps encore maintenir la vieille prohibition, mais la nécessité d'y échapper fit imaginer une foule de moyens que les canonistes et les jurisconsultes du temps ont longuement analysés et dont nous devons maintenant dire un mot.

III

MOYENS IMAGINÉS POUR ÉLUDER LA PROHIBITION.

Nous ne voulons pas faire connaître ici tous les détours que prirent nos pères pour tourner les défenses canoniques : nous nous bornerons à expliquer ceux qui soulevèrent les plus nombreuses discussions.

Il convient de citer tout d'abord le triple contrat, le Mohatra et le contrat pignoratif.

Le triple contrat, le *trinus contractus* comme l'appellent les ouvrages du temps, avait été imaginé par les clercs orientaux ; les laïcs d'Occident se l'approprièrent et y cherchèrent à leur tour un moyen de rendre leurs capitaux productifs. C'était la combinaison de la société, de l'assurance et de la vente.

Pierre et Paul formaient une société, Pierre apportait une certaine somme, Paul la garantissait contre les risques de perte et Pierre vendait à Paul son droit éventuel aux bénéfices de la société moyennant une redevance fixe. Sous une misérable combinaison de mots il n'y avait là qu'un prêt à intérêt ; il n'y avait pas trois contrats distincts et licites dont la combinaison devait être également licite, il n'y avait qu'un seul et même contrat, un prêt à intérêt. Les canonistes le découvrirent bien vite et les trois contrats furent proscrits.

Il en fut de même pour le *mohatra*. Ce nom barbare désignait la combinaison juridique suivante : Pierre vendait à Paul une certaine quantité de marchandises moyennant un certain prix, 600 livres par exemple, payable dans six mois ; puis Paul revendait incontinent à Pierre les mêmes marchandises moyennant un prix inférieur à celui qu'il avait promis lui-même, soit 550 livres ; Pierre payait immédiatement ! En somme les marchandises restaient entre les mains de Pierre, Paul recevait 550 livres et était tenu au bout de six mois d'en rembourser 600. Que représentaient les 50 livres de différence, si ce n'est les intérêts de la somme reçue. Il n'y avait encore là qu'un prêt à intérêt.

Le contrat pignoratif était une combinaison du même genre. Paul vend sa terre à Pierre moyennant un prix qu'il reçoit immédiatement, mais il se réserve d'en recouvrer la propriété en remboursant à Pierre son prix de vente ; en même temps Pierre afferme sa terre à Paul moyennant certains arrérages. C'est la combinaison du bail et de la vente à reméré. Si Paul exerce le réméré il est censé avoir toujours été propriétaire, il a nonobstant détenu le prix de vente pendant un certain temps, et les loyers qu'il a payés comme fermier ne sont que les intérêts de ce prix.

Ces fraudes étaient loin d'êtreles seules. L'antichrèse parut tout d'abord un excellent moyen d'échapper aux rigueurs de la loi ; et les plus saints personnages y eurent recours (1) ; les canonistes plus rigoureux que le droit romain le condamnèrent absolument. Ils condamnèrent éga-

(1) Vers la fin du xe siècle, Ingelard, abbé de Saint-Riquier, engagea des terres de cette abbaye à Natker, évêque de Liège, moyennant la somme de 33 livres d'argent, à la condition que l'évêque jouirait pendant trente ans du revenu de ces terres et que si à cette époque l'abbaye rendait

lement les sociétés en commandite où l'un des associés stipulait la reprise de son apport, quelles que soient les chances défavorables du commerce. Le pape Sixte-Quint lança, en 1586, une bulle contre ces sociétés.

Les intérêts moratoires, c'est-à-dire les dommages-intérêts stipulés à raison du retard dans l'exécution, ne trouvèrent pas non plus grâce devant les théologiens ; il n'est permis à personne, disaient-ils, de vendre le temps qui n'appartient qu'à Dieu. On défendit même dans le commerce de se faire payer plus cher en accordant un terme pour le payement; toujours par cette raison qu'on ne peut vendre le temps. L'archevêque de Gênes effrayé par ces théories consulta le pape Alexandre III. Ce dernier répondit que le vendeur ne pourrait prendre un prix supérieur en accordant un terme pour le paiement, qu'au cas où il aurait juste raison de supposer que les marchandises devraient augmenter de valeur dans ce délai ; mais dans le doute, le pape conseillait aux Génois de s'abstenir de semblables conventions.

Tous les efforts tentés tour à tour par les prêteurs étaient déjoués ; « les canonistes faisaient sentinelle sur toutes les avenues de droit et leur vigilance était en proportion de l'activité de la fraude (1). »

Les mauvaises lois sont quelquefois fécondes en conséquences heureuses. Les entraves que le prêt à intérêt rencontrait, poussèrent les capitaux vers d'autres opérations ; le change, l'assurance, la constitution de rente perpétuelle et viagère, les Monts-de-Piété, les sociétés en commandite prirent un puissant développement et préparèrent la trans-

la somme, la possession des terres lui reviendrait. Ce contrat conclu en 998, fut renouvelé en l'an 1022 entre Angibran, nouvel abbé de Saint-Riquier et Durand, autre évêque de Liège.

(1) Troplong, *du Prêt*, préface, page cxxx.

formation économique des sociétés modernes. Mais telle était la méfiance des canonistes, que toutes ces institutions leur parurent suspectes, et qu'ils employèrent à les combattre toutes les ressources de leur dialectique ombrageuse. Tous ces contrats du reste, comme le prêt à intérêt, avaient pour effet de rendre l'argent productif et c'était bien là précisément le résultat contre lequel s'élevait Aristote. Ils se distinguaient cependant du prêt à intérêt par de très importantes différences.

Le change n'est pas un prêt à intérêt, le prix du change n'est pas une usure ; mais rien de plus facile que de dissimuler un prêt à intérêt sous un contrat de change ; les casuistes l'avaient bien compris et voulaient faire interdire le change; mais il trouva grâce et devint pour le commerce un moyen facile d'échapper à la loi.

Le principe qui avait fait condamner le prêt aurait dû faire interdire les nouveaux établissements charitables de prêt sur gage fondés par Barnabé de Terni et Bernardin de Feltre, établissements connus plus tard sous le nom de Monts-de-Piété. Il se trouva en effet des théologiens pour les combattre (1) ; mais ils furent reconnus par le onzième concile de Latran et par une bulle de Léon X.

Le moyen le plus employé pour faire produire des intérêts à l'argent fut la constitution de rente perpétuelle ou viagère ; il finit par être admis sans conteste, mais ce ne fut qu'après avoir été l'objet des attaques les plus acharnées. Henri de Gand, fameux théologien du XIIIe siècle, les combattit avec une grande vigueur ; les rentes perpétuelles, parce que le créancier de la rente doit nécessairement recevoir à un moment donné une somme supérieure à celle qu'il a versée et la rente viagère parce que si

(1) Thomas de Vion Cajetan, cité par Dumoulin, *Des usures*, n° 88.

le crédit rentier vit un certain temps, il recueille aussi plus qu'il n'a versé et qu'en constituant la rente il a eu implicitement l'intention de vivre le plus longtemps possible. La même opinion fut soutenue dans la somme de Geoffroy, mais elle ne prévalut pas ; le débat fut porté devant les papes Martin V et Callixte III, qui se prononcèrent pour la validité des rentes. Cette opinion était fondée sur ce que le capital n'étant jamais exigible, le débiteur de la rente n'était pas comme dans le prêt à la merci de son créancier. Mais au fond, la constitution de rente n'était qu'un moyen de rendre l'argent productif et si l'argent était improductif de sa nature comme Aristote l'avait prétendu, la rente devait tomber sous le coup de la même interdiction ; mais la nécessité était plus forte que la logique et Saumaise pouvait dire avec raison : « *Coacti sunt necessitate argenti miseras usuras quas foribus excluserant per fenestram admittere* (1). »

Les théologiens ne se soumirent pas tout d'abord à ces autorités, ils prétendirent que les papes n'avaient voulu autoriser les rentes perpétuelles qu'autant qu'elles étaient assises sur un fonds déterminé et fécond de sa nature, dont les produits devaient servir à payer les arrérages. Les rentes constituées sur l'ensemble d'un patrimoine restaient, disaient-ils, sous le coup de la prohibition. Cette doctrine fut en effet celle que consacra Pie V, dans une bulle qui ne fut jamais reçue en France et sur laquelle, d'ailleurs, il revint plus tard. La constitution de rente fut alors autorisée d'une manière absolue et les théologiens cessèrent de la poursuivre ; Bossuet alla même jusqu'à dire, qu'elle était aussi éloignée de l'usure que le ciel l'est de la terre.

Ce fut, dans l'ancien régime, le plus important canal du

(1) Saumaise, *de fœnore trapezitico*, p. 4.

crédit; aussi, est-ce au taux des rentes qu'il faut se référer pour rechercher quelle était alors la valeur de l'argent. Il avait été fixé à 20 0/0 par une ordonnance de Philippe le Bel; à la fin du xve siècle, il était tombé à 10 0/0 par an, taux autorisé par la bulle de Martin V. La découverte de l'Amérique, en diminuant la rareté du numéraire, le fit abaisser encore. En Espagne, il descendit au denier 20, c'est-à-dire 5 0/0; et en France, vers le milieu du seizième siècle, il était au denier 12, c'est-à-dire 8 1/3 0/0. Ce taux fut établi par les arrêts du Parlement de Paris, qui trouvait le denier 10 excessif; mais ce dernier taux resta en vigueur dans plusieurs provinces, notamment en Normandie.

En juin 1572, un édit fut enregistré à Paris, qui défendait de constituer des rentes à plus de 6 0/0; mais il ne fut jamais observé. Aussi Henri IV, dans le but de faire refluer les capitaux vers l'agriculture, fut-il obligé d'en renouveler les dispositions en 1601. Vérifié au Parlement de Paris, le 18 février 1602, son édit fixa au denier 18, 6 écus et quatre sols par an, le taux des rentes constituées. Ce taux fut encore celui de l'édit de 1634.

En 1665, Louis XIV abaissa le taux des rentes au denier 20; enfin, en mai 1720, il fut réduit au denier 50, c'est-à-dire au 2 0/0. Le Parlement de Paris adressa au régent des remontrances qui ne furent point écoutées; il s'agissait alors de détourner les capitaux des placements solides, pour les précipiter dans la banque de Law. Cet édit ne devait pas survivre à l'entreprise folle qui l'avait inspiré. En juin 1724, on revenait au denier 30, et en juin 1725, au denier 20; c'était encore le taux des rentes, quand la révolution éclata, et c'est celui qu'a consacré la loi de 1807.

IV.

MARCHE DES IDÉES VERS LA DOCTRINE DE LA LÉGITIMITÉ DU PRÊT A INTÉRÊT. — LOIS DES 3 ET 12 OCT. 1789. — DU TAUX DE L'INTÉRÊT JUSQU'A LA LOI DE 1807.

Ce furent les docteurs de la réforme qui, les premiers, eurent le courage d'attaquer l'antique prohibition du prêt à intérêt. Luther la défend encore avec la violence de sa nature passionnée; mais Martin Bucer, son disciple, se prononce nettement dans un sens opposé. De son côté, Calvin proclame la légitimité des profits usuraires prélevés sur les riches, et fait justice du célèbre argument tiré de la stérilité du numéraire (1).

Dumoulin n'osa pas, à la suite des théologiens protestants, prendre ouvertement parti pour le prêt à intérêt; mais le soin qu'il mit à restreindre le plus possible le champ de la prohibition, ne laisse subsister aucun doute sur les tendances de son esprit. Domat, au contraire, se déclarait

(1) *Calvini epistolæ* : « L'argent n'enfante pas l'argent... et la mer le produit elle ; Est-il le fruit d'une maison pour l'usage de laquelle, cependant, je reçois des loyers? L'argent naît-il, à proprement parler, des ports et des murailles? Non, mais la terre produit, la mer porte des navires qui servent à un commerce productif, et, avec une somme d'argent, on peut se procurer une habitation commode.... Celui qui demande à un prêteur un capital, veut apparemment s'en servir comme d'un instrument de production ; ce n'est donc pas de l'argent même que provient le bénéfice, mais de l'emploi qu'on en fait. »

partisan des solutions les plus rigoureuses, et Saumaise (1) ne faisait pas moins de trois gros ouvrages pour le réfuter.

En Allemagne, en Hollande, les jurisconsultes se prononçaient énergiquement en faveur du prêt à intérêt; tandis qu'en France, Montesquieu, discernant fort à propos le précepte religieux de la règle juridique, arrivait aux mêmes conclusions (2).

Cependant, Pothier et le Parlement de Paris (3) essayaient de résister; catholiques scrupuleux, ils ne voyaient pas l'Eglise elle-même réduite à céder au courant qui allait emporter sans retour la prohibition séculaire; ils s'obstinaient à soutenir les vieilles traditions, minées de toutes parts. Déjà cependant, deux assemblées de docteurs de Sorbonne, des 4 octobre 1765 et 17 février 1766, avaient reconnu le prêt à intérêt légitime toutes les fois qu'il y avait *damnum emergens*, *lucrum cessans*, *periculum sortis;* déjà une grande partie du clergé de France s'était ralliée à cette opinion; et bientôt la liberté du commerce de l'argent, formulée par Turgot (4), allait être portée à la Constituante, et y trouver, dans les rangs du clergé lui-même, d'éloquents défenseurs.

Dès les premières séances de l'assemblée, Péthion de Villeneuve proposa d'autoriser le prêt à intérêt. Certains membres du clergé protestèrent; mais la motion fut soutenue par l'abbé Gouttes, un député dont le nom est resté obscur, et par l'abbé Maury lui-même. — La loi des 3 et 12 octobre 1790 la consacra. Voici le texte:

« L'Assemblée nationale décrète que tous les particu-

(1) Saumaise, *De l'usure*, 1638; *De modo usurarum* 1639; *De fœnore trapezitico*, 1640.

(2) Noodt., *De fœnore;* Voët, *De rebus creditis*.

(3) Arrêt du règlement du Parlement de Paris, du 10 janvier 1777.

(4) Turgot, *Mémoire sur les prêts d'argent*, 1769.

liers, corps, communautés ou gens de mainmorte peuvent, à l'avenir, prêter l'argent à terme fixe, avec stipulation d'intérêts, suivant le taux fixé par la loi, sans prétendre rien innover dans les usages des diverses places de commerce. »

Quelle fut la véritable portée de cette loi ? Comment doivent être entendues ces expressions : *Suivant le taux porté par la loi?* On a dit que ces mots n'étaient qu'une pierre d'attente; que le législateur avait voulu se réserver la faculté d'édicter un taux maximum dans une loi postérieure; mais que cette loi n'ayant jamais été faite, le taux de l'intérêt était demeuré libre. La lutte avait été vive, au sein de l'Assemblée, entre les partisans et les adversaires de la liberté du taux; elle se termina, dit-on, par une transaction; pour donner satisfaction aux défenseurs des théories restrictives, on promit de limiter la liberté par une loi postérieure qu'on était, du reste, parfaitement décidé à ne jamais faire.

On invoque, à l'appui de cette interprétation, les opinions exprimées dans la discussion par les principaux orateurs. « On peut proposer de rendre l'argent commerçable, disait Péthion de Villeneuve, la concurrence en diminuera le prix. » Et Turgot s'écriait : « Eloignez toute fixation de taux, et tenez-vous aux conventions particulières ? »

Ce n'est pas ainsi que la loi fut interprétée par les tribunaux d'alors. On pensa que les mots : « Suivant le taux fixé par la loi » du décret des 3 et 12 octobre 1789, avaient visé l'édit de 1725, qui fixait au denier vingt, c'est-à-dire au cinq pour cent le taux des condamnations judiciaires et des constitutions de rentes. La loi de 1789, dans cette interprétation, aurait établi le taux maximum de cinq 0/0 en matière civile, laissant aux usages le soin de fixer le taux de l'intérêt commercial. Si la loi de 1789 n'avait pas renfermé une disposition restrictive pour le prêt civil, il eût été parfaitement inutile de formuler pour le prêt commercial une règle particulière. Ce n'est pas inconsidérément qu'ont été introduits ces mots : « Sans entendre rien innover dans les usages des différentes places de commerce. » Le projet ne contenait aucune disposition spéciale à l'intérêt commercial ; un député assez obscur, Perrisse du Luc, remarqua fort justement que le commerce devait jouir d'une liberté plus grande, et c'est pour faire droit à son observation, que le texte primitif fut modifié. Si les législateurs crurent nécessaire d'accorder au prêt commercial un régime plus favorable, c'est que, dans leur pensée, le taux de l'intérêt civil était soumis à une réglementation.

Cette question n'a plus aujourd'hui qu'un intérêt rétrospectif; les deux solutions se prévalent de considérations sérieuses, nous nous dispensons de prendre parti. Qu'il nous suffise de rappeler que la jurisprudence limitait le taux de l'intérêt civil à 5 °/₀ conformément à l'ordonnance de 1725.

Quelle était la portée de la loi de 1789 quant au taux de l'intérêt commercial? Le texte, nous l'avons vu, avait réservé les usages des différentes places de commerce ; mais ces usages n'avaient rien de fixe ; modique aujourd'hui, élevé demain, le taux de l'intérêt y suivait toutes les fluctuations du commerce lui-même. Dans ces conditions n'est-il pas permis de dire que le taux de l'intérêt dans les prêts de commerce n'était soumis à aucune limitation. Dans ce système, les usages commerciaux que la loi aurait voulu consacrer n'auraient été autre chose que la liberté des conventions particulières. Cette thèse ne fut pas accueillie tout d'abord par la jurisprudence. Un arrêt du tribunal de Dijon du 11 nivôse an XI réduisait l'intérêt d'un prêt commercial au taux moyen de la Bourse de Lyon. « La loi de 1789 en maintenant les usages du commerce n'a pas entendu, disait l'arrêt, autoriser les prêts usuraires contraires à ses habitudes et funestes à sa prospérité » (1). Un arrêt de Limoges du 10 mars 1808 adopta les mêmes principes, mais fut cassé. La cour suprême venait de modifier sa jurisprudence dans le sens de la liberté du taux.

Telles furent les difficultés que souleva le décret-loi de la Constituante. Nous arrivons à la Convention.

Les assignats, émis en nombre excessif pour faire face aux difficultés financières de cette époque tourmentée, étaient tombés dans un complet discrédit ; chaque jour ils subissaient une dépréciation nouvelle, et tel qui recevait un paiement en assignats, n'était pas assuré de retirer deux mois après la moitié de la somme pour laquelle ils lui étaient comptés. On préférait de beaucoup le paiement en numéraire et on le stipulait dans toutes les conventions, ce qui dépréciait encore les assignats. La Convention que n'arrêtait aucun obstacle, démonétisa l'argent et défendit même de le considérer comme une marchandise. Le décret du 11 avril 1793 prononçait la peine de six ans de fers contre quiconque ferait usage de l'argent dans les ventes, achats, traités, transactions et conventions quelconques. Les assignats eurent ainsi cours forcé.

On conçoit qu'à cette époque les dispositions de l'ordonnance de 1725 rappelées par la loi de 1789 fussent entièrement tombées dans l'oubli ; ceux qui avaient des assignats s'efforçaient de les convertir en espèces, car on connaissait leur valeur aujourd'hui mais on ne la prévoyait pas demain. Dans ces conditions il était naturel que le taux de l'intérêt devînt très considérable. Cet état de choses ne devait pas survivre à la crise qui l'avait enfanté. Déjà un décret du 28 avril 1795 (6 floréal an III) avait levé un instant la prohibition du commerce des monnaies métalliques, un

(1) Troplong, du prêt, chap. III, n° 350.

autre y était revenu moins d'un mois après (24 mai 1795, 1 prairial an III) mais l'argent allait reprendre bientôt définitivement sa place et comme marchandise (1) et comme monnaie.

La loi du 23 juillet 1796 (6 thermidor an IV) fit cesser le cours forcé des assignats : « A dater de la publication de la présente loi, chaque citoyen sera libre de contracter comme bon lui semblera ; les obligations qu'il aura souscrites seront exécutées dans les termes et valeurs stipulés. »

Cette loi rapprochée de celles qui l'avaient précédée avait une portée bien facile à saisir : autoriser les contractants à stipuler que le paiement s'effectuerait en espèces métalliques. Elle ne prétendait pas dire autre chose. C'est en effet le sens que la jurisprudence lui donna d'abord et les tribunaux persévérèrent dans leur interprétation primitive de la loi de 1789, en sanctionnant le taux maximum de 5 %. Cette jurisprudence fut rappelée par Regnault de Saint-Jean d'Angely lors de la rédaction de l'art. 1907 du code civil; elle nous servira tout à l'heure à interpréter cet article.

Les partisans de la liberté et ceux de la limitation se trouvent encore une fois en présence. Treilhard, Béranger, Regnault de Saint-Jean d'Angely défendaient la liberté ; Tronchet et Malleville réclamaient une limitation. On décida que le code ne contiendrait pas de taux maximum ; il devait avoir un caractère immuable ; une loi sur le taux de l'intérêt devait au contraire pouvoir être modifiée, établie ou supprimée suivant l'état financier ou les besoins du moment. On rédigea l'article 1907 : « L'intérêt est légal ou conventionnel ; l'intérêt légal est fixé par la loi, l'intérêt

(1) Un décret du 30 octobre 1795 (27 vendémiaire an IV), permet la vente et l'achat des espèces et matières d'or et d'argent, mais cela devait avoir lieu à la Bourse et à haute voix.

conventionnel peut excéder celui de la loi, toutes les fois que la loi ne le prohibe pas. — Le taux de l'intérêt doit être fixé par écrit. »

On a soutenu que cet article tranchait la question de la liberté du taux ; qu'il n'était plus possible en présence de ses termes de soutenir que l'intérêt était encore soumis à une limitation. Le code, a-t-on dit, proclame le principe de la liberté ; il se réserve il est vrai d'y apporter quelques dérogations dans une loi postérieure ; mais le principe lui-même n'est pas attaquable, et du jour où il fut formulé, il devint impossible d'invoquer la loi de 1789 pour limiter à cinq pour cent le taux de l'intérêt civil.

Nous ne croyons pas ce raisonnement sans réplique. L'article 1907 ne fait qu'énoncer le principe général de la liberté des conventions formulé déjà dans l'article 1134, mais cette liberté a pour limites les dispositions légales qui peuvent la restreindre ; le législateur n'a pas pensé que ces restrictions essentiellement modifiables dussent trouver place dans un code, il ne s'est pas prononcé sur leur opportunité ; il s'est simplement référé au droit en vigueur ne prétendant y apporter aucune innovation. Avant comme après le Code civil, la question de la liberté du taux reste entière ; c'est aux lois des 3 et 12 octobre 1789 qu'il faut en demander la solution. Or, nous avons vu quelles étaient sur ce point les décisions de la jurisprudence. On considérait la loi de 1789 comme un rappel à l'ordonnance de 1725 ; on pensait avec raison que celle de thermidor était étrangère au sujet et on appliquait le taux de 5 %. Cette jurisprudence que les rédacteurs du code eux-mêmes avaient eue en vue dans l'article 1907 fut abandonnée par la cour de cassation dans un arrêt du 3 mai 1809. La loi du 5 thermidor an IV avait dit : « chaque citoyen sera libre de contracter comme bon lui semblera ; les obligations qu'il aura consenties seront exécutées dans les termes et valeurs stipulés » ; la cour prétendit trouver dans ces dispositions la liberté du taux de l'intérêt. Cette nouvelle jurisprudence fut confirmée par plusieurs arrêts (1).

Nous avons à nous demander maintenant si l'anatocisme était prohibé sous l'empire des lois de 1789 et de thermidor an IV. Ces deux lois sont muettes. L'ordonnance de 1652 prohibait l'anatocisme, cette prohibition subsista-t-elle dans le droit intermédiaire ? Cette question dépend selon nous, de la solution que l'on donne à celle de la liberté du taux. Une législation qui permet de stipuler des intérêts à cinquante pour cent ne songe pas à protéger le débiteur contre l'anatocisme. Ceux qui voient dans les lois de 1789 et de l'an IV la proclamation du principe de la liberté sont fondés à soutenir que l'anatocisme était permis dans le droit intermédiaire. Ceux qui pensent au contraire que ces lois ont laissé en vigueur le taux de l'ordonnance de 1725 doivent admettre aussi le maintien de la prohibition de l'anatocisme par l'ordonnance de 1673. C'est pour cela que la jurisprudence a subi sur cette question les mêmes variations que sur celle de la liberté du taux. Elle a d'abord prohibé l'anatocisme puis elle l'a autorisé d'une manière absolue (2).

Nous verrons que sous l'empire du code civil, la question de l'anatocisme soulève encore au point de vue théorique des controverses ardentes.

Ici s'arrêtent nos études historiques.

Nous arrivons à la loi du 3 septembre 1807.

Nous avons recherché le taux de l'intérêt dans le passé, nous allons l'examiner dans le présent.

---

(1) Cass. 20 *février* 1810. (*Sir*. 1810. 1. 205). — Bruxelles, 10 *janvier* 1810. (*Sir*. 10, 2, 343.)

(2) Cass. 5 *octobre* 1813. *Sir*. 15, 1, 76.

ÉTUDES JURIDIQUES

CHAPITRE Ier.

Du taux de l'intérêt dans le prêt d'argent. Limitation de la loi de 1807.

Sous l'empire des lois intermédiaires et du Code civil, le taux de l'intérêt était-il libre? Oui, disent la plupart des auteurs, non, répondent plusieurs autres. L'est-il depuis la loi du 3 septembre 1807? Non incontestablement.

Cette loi a donc établi pour les uns, renouvelé pour les autres la limitation du taux de l'intérêt.

Elle ne paraît avoir eu, dans l'esprit de ses rédacteurs eux-mêmes, qu'un caractère transitoire; et cependant elle est restée debout jusqu'ici, malgré les attaques dont elle n'a cessé d'être l'objet. Deux décrets des 15 et 18 janvier 1814, en ont, il est vrai, suspendu momentanément l'application; mais ce ne fut qu'une mesure passagère, qui trouve sa justification dans les circonstances où elle fut prise. Le 1er janvier 1815, la loi du 3 septembre 1807 reprit son empire et l'a toujours conservé depuis.

Le Code civil avait dit (art. 1907). « L'intérêt conventionnel peut excéder celui de la loi toutes les fois que la loi ne le prohibe pas. » Evitant ainsi de fixer eux-mêmes le taux de l'intérêt permis, les législateurs de 1804 laissèrent ce soin à une loi particulière. La loi régulatrice du taux de l'intérêt ne peut être qu'une loi provisoire « devant se régler sur les circonstances qui changent et qui varient, elle ne peut être irrévocable (1). » On ne voulut pas lui donner place dans le Code qui ne devait renfermer que des dispositions définitives et immuables.

La loi régulatrice fut promulguée le 3 septembre 1807, c'est de cette loi que nous avons à présenter le commentaire. Plusieurs articles du Code civil et quelques lois postérieures en éclairent et en complètent les dispositions; nous les examinerons aussi; mais pour ne pas nous perdre dans l'immensité d'un sujet, qui confine à toutes les régions du droit, nous nous efforcerons de ne pas perdre de vue le but que nous nous sommes proposé.

Le titre de cette étude nous le rappellera. Ce ne sont pas les règles du prêt à intérêt que nous voulons exposer, c'est bien moins encore la théorie générale des intérêts que nous voulons présenter ici; nous nous bornerons à l'examen des questions que soulève la limitation de l'intérêt dans le prêt d'argent; ce sera une tâche bien assez longue.

La loi du 3 septembre 1807 fixe le taux de l'intérêt légal à 5 °/₀ en matière civile et à 6°/₀ en matière de commerce et en fait le taux maximum de l'intérêt conventionnel. Un prêteur ne peut stipuler plus de 5 °/₀ en matière civile et de 6 °/₀ en matière de commerce. On peut facilement justifier cette différence.

Le capital exposé dans une entreprise commerciale court des risques considérables qui doivent trouver dans l'élévation du taux une compensation. D'autre part l'argent dans

(1) Tronchet, — *Fenet*, t. 14, p. 439.

le commerce a une plus grande force productive, et partant une plus grande valeur : « *Plus valet pecunia mercatoris quam pecunia non mercatoris,* » disait Scaccia.

Cette différence du taux conduit logiquement à se demander, quels sont les traits distinctifs du prêt civil et du prêt commercial. Quelles sont les matières civiles, quelles sont les matières commerciales? Question grave par ses conséquences, délicate par son appréciation et sur laquelle la jurisprudence laisse planer encore bien des incertitudes.

Faut-il pour la trancher considérer la nature du prêt ou la qualité des parties qui le contractent. M. Pont soutient la première opinion, MM. Troplong et Aubry et Rau se prononcent pour la seconde, que les arrêts, malgré quelques hésitations de motifs, ont à peu près universellement consacrée.

Pour M. Pont « le caractère civil ou commercial d'un prêt se détermine, abstraction faite de la qualité des parties par la destination de la somme prêtée (1). » Que l'emprunteur ou le prêteur soit commerçant ou ne le soit pas, peu importe ; la somme prêtée doit-elle être engagée ou non dans une entreprise commerciale ; tel est le seul point à examiner. La raison de la différence posée par la loi est tout entière dans les risques du commerce, et les risques ne résultent pas de la qualité des parties, mais de la nature de l'opération. Les termes dont le législateur a fait usage ne permettent aucune autre interprétation « en matière civile 5 %, en matière commerciale 6 %, » c'est par l'objet du contrat qu'il faut en déterminer le caractère. Pour déclarer un prêt commercial il ne suffira pas de constater chez le prêteur ou chez l'emprunteur la qualité de com-

(1) Pont, *Des petits Contrats*, t. 1er, n° 299.

merçant, il faudra encore démontrer la commercialité du prêt (1).

La qualité des parties pourra avoir cependant une certaine influence, en ce sens que « sauf preuve contraire l'opération sera présumée commerciale si l'emprunteur est négociant. » Quant à la qualité de l'emprunteur elle n'aura pas même la valeur d'une simple présomption.

Tout autre est le système de M. Troplong. Pour lui la raison d'être du taux commercial n'est pas seulement dans les risques du commerce, mais encore dans la valeur particulière que le commerce donne à l'argent. « *Plus valet pecunia mercatoris quam pecunia non mercatoris.* » Aussi arrive-t-il à des conclusions bien différentes.

Entre deux commerçants il n'hésite pas à déclarer un prêt commercial, quand bien même le prêt ne serait pas intervenu à la suite d'actes rentrant dans leur commerce habituel ; mais il va jusqu'à reconnaître le caractère commercial à tout prêt consenti par un commerçant, même en dehors des opérations de son commerce ; par cette raison que donne Scaccia, que l'argent du commerçant a plus de valeur que celui des particuliers. S'il avait conservé ses capitaux dans son commerce, ils lui auraient rapporté 6 %, on ne peut exiger de lui qu'il les prête à un taux moins élevé.

Pour le prêt fait par un non commerçant à un commerçant, M. Troplong se montre moins décisif. Il se rallie cependant à un arrêt de la Chambre des requêtes (2), qui déclare ce prêt commercial, et le justifie par cette considération, que les fonds livrés au commerce rapportent plus à

(1) Montpellier, 13 *avril* 1853. *Sir.* 73, 2, 465. — Bourges, 3 *mars* 1854. *Sir.* 54, 2, 234.

(2) 10 *mai* 1837. *Dalloz*, 37, 1, 338.

l'emprunteur négociant qu'ils ne rapporteraient à l'emprunteur civil. Soumis d'un autre côté à des risques plus grands ils doivent logiquement produire des intérêts plus forts.

M. Troplong n'examine pas l'hypothèse d'un prêt fait par un particulier à un particulier, avec une destination commerciale ; mais, ne s'attachant qu'à la qualité des parties, pour déterminer la commercialité du prêt, il doit sans doute le ranger parmi les prêts civils, et c'est probablement ce qu'il a voulu nous faire entendre par son silence (1).

MM. Aubry et Rau soutiennent des opinions moins absolues (2). Ils reconnaissent d'abord sans difficulté que le prêt fait par un non commerçant, même à un non commerçant, pour une opération de commerce, est un prêt commercial ; ici le taux de 6 0/0 est parfaitement légitime ; ils sont, sur ce point, d'accord avec M. Pont. Ils admettent encore qu'on doit considérer comme prêt commercial, celui qui est fait par un particulier à un commerçant, pour son négoce ; mais, s'attachant au même point de vue que M. Troplong, ils considèrent comme faits, en matière de commerce, « les prêts rentrant dans les opérations habituelles d'un commerçant, d'un banquier, par exemple, sans s'inquiéter de savoir s'ils ont été faits à un commerçant ou à un non commerçant, et pour un but non commercial. » Mais, dans l'intention mal dissimulée de concilier la théorie avec un certain nombre de documents de jurisprudence qui semblent la combattre, MM. Aubry et Rau apportent un correctif à la règle posée plus haut. Le taux perdra son caractère commercial, si la forme de l'acte d'obligation, la nature des garanties fournies ou d'autres circonstances établissent, « que le prêteur a dis-

(1) Troplong, *Du prêt*, n° 362.

(2) Aubry et Rau, 4e éd., t. 4, p. 605 et 606.

trait de son commerce les fonds prêtés, pour leur donner une destination civile (1). ».

Quelles solutions faut-il dégager de toutes ces controverses? Que la nature de l'opération détermine seule la commercialité du prêt, mais que la qualité de commerçant, chez le prêteur et l'emprunteur, ou chez l'un d'eux seulement, crée une présomption de commercialité qui peut tomber devant la preuve contraire. Le prêt fait par un non commerçant à un non commerçant, sera, par conséquent, réputé civil, s'il n'est établi que les fonds doivent être engagés dans une opération commerciale.

Le prêt fait par un non commerçant à un commerçant, sera, jusqu'à la preuve contraire, présumé fait dans l'intérêt de son commerce, et réputé commercial (2); le prêt fait par un commerçant à un autre commerçant, ou à un non commerçant, sera réputé acte de commerce, à moins que le caractère civil de la dette ne résulte de circonstances particulières (3).

Ces solutions ne sont que l'application des articles 631 et 632 du Code de commerce, desquels il résulte, d'après l'interprétation qne la jurisprudence en fournit, que toute opération d'un commerçant est présumée faite dans l'in-

(1) Bordeaux, 4 *juillet* 1857 ; *Sir.*, 58, 2, 553.— Lyon, 20 *nov.* 1857; *Sir.*, 58, 2, 699.

(2) Bourges, 14 *fév.* 1854; *Sir.* 54, 2, 531.— Civ., rej., 11 *mars* 1856; *Sir.*, 56, 1, 720. — Crim., rej., 27 *fév.* 1864; *Sir.* 64, 1, 341.— Civ. cass., 29 *avr.* 1868 ; *Sir.*, 68, 1, 281.— Bordeaux, 27 *avr.* 69; *Sir.*, 70, 2, 23. —Civ., rej., 10 *janv.* 70, *Sir.* 70, 1, 157 et 159.—Requ. rej., 27 *nov.* 71; *Sir.*, 72, 1, 204. — Douai, 24 *janv.* 73; *Sir.*, 73, 2, 244. — En sens contraire. — Lyon, 29 *janv.* 1856 ; *Sir.* 58, 2, 595. — Paris, 2 *fév.* 1861 ; *Sir.*, 61, 2, 256.

(3) Montpellier, 13 *août* 1853 ; *Sir.*, 53, 2, 469 ; Bourges, 3 *mars* 1854 ; *Sir.*, 54, 2, 234 ; Civ., rej., 5 *janv* 1859 ; *Sir.*, 59, 1, 220 ; Limoges, 25 *juil.* 1865 ; *Sir.*, 65, 2, 284.

térêt de son commerce, et doit être réputée commerciale.

Telle est la portée de la distinction formulée entre les matières civiles et commerciales par la loi de 1807; nous avons à rechercher maintenant quel sens il convient de donner à cette loi, quand elle dit que le taux est de cinq ou six pour cent. Que faut-il entendre par ces expressions ?

Il y a tout d'abord un point hors de doute, c'est que la loi a voulu sous-entendre les mots « par an », et que le législateur a eu en vue l'année complète de trois cent soixante-cinq jours. On ne pourrait pas, dans le but apparent de simplifier les comptes d'intérêts, adopter, comme base de calcul, une année fictive de 360 jours. Cette pratique, évidemment illégale en matière civile, a été proscrite, même en matière commerciale, par la jurisprudence (1). C'est donc par an que les intérêts doivent être calculés; c'est par an aussi qu'ils doivent être payés, quand les parties n'ont pas fixé de délai plus court; mais une convention qui établirait des termes plus rapprochés, serait-elle licite; pourrait-on stipuler, par exemple, que les intérêts, calculés au taux légal de cinq 0/0 par an, seront payables par quart tous les trimestres? Disons d'abord qu'en pratique, une pareille convention ne souffrirait aucune difficulté, et dans l'intérêt même des deux parties, nous nous

(1) Angers, 5 *fév.* 1874; sous. cass.; *Sir.* 76, 1, 57.— Cass., 4 *juin* 1876 *Sir.* 76, 1, 65. — Dijon, 5 *juil.* 1880 ; *Sir.* 82, 2, 203. La loi du 18 frim. an III, renfermait la disposition suivante : « *La Convention nationale décrète que l'intérêt annuel des capitaux sera compté par an et pour 360 jours seulement.* Il n'aura point de cours pendant les Sans-Culottides. » On pourrait s'autoriser de cette loi pour permettre le calcul par 360 jours; mais elle a été implicitement abrogée par le Sénatus-Consulte du 21 fructidor an XIII, qui a rétabli le calendrier Grégorien.

félicitons qu'il en soit ainsi; mais, au point de vue de la théorie pure et de l'interprétation rigoureuse des textes, ne pourrait-on pas, à juste titre, condamner cette clause? On l'a brillamment soutenu (1)?

L'article 1154 du Code civil, sur lequel nous reviendrons en parlant de l'anatocisme, permet la capitalisation des intérêts, à la condition qu'il s'agisse « *d'intérêts dus au moins pour une année entière.* » Il en ressort clairement qu'avant l'expiration d'une année, on ne peut rien demander au débiteur; car si on pouvait exiger de lui des intérêts, il est clair qu'on pourrait aussi les lui remettre immédiatement, à titre de prêt; c'est précisément ce que la loi a défendu.

Le premier argument n'a pas une très grande portée; sans doute, les intérêts n'arrivent pas à échéance de plein droit, par fraction proportionnelle au temps écoulé, et il est très exact qu'à défaut de convention spéciale, le prêteur ne pourra rien exiger avant l'expiration de l'année; mais l'article 1154 ne s'oppose nullement à ce que les parties fixent certains termes où les intérêts seront acquittés partiellement; ce qu'il a voulu, c'est empêcher que le prêteur ne laisse ses intérêts aux mains du débiteur, en les capitalisant à des échéances inférieures à une année. Quand les intérêts sont stipulés payables par trimestre, le créancier peut en exiger le payement; mais s'il ne les recouvre pas, il ne pourra pas les capitaliser tant que les quatre trimestres ne seront pas échus; telle est la seule portée de l'article 1154.

Mais on invoque un second argument qui, celui-là, nous paraît absolument décisif. La loi du 3 septembre 1807 fixe le taux maximum au cinq pour cent en matière civile, et à six pour cent en matière commerciale; si vous empruntez

(1) Caillemer, *Des intérêts.*

à ce taux en convenant que les intérêts seront exigibles tous les six mois par exemple, vous violez ouvertement la loi de 1807. Soit un prêt de 20,000 fr. à 5 0/0 par an; si les intérêts étaient payables une fois par an, comme la loi l'a supposé, le débiteur payerait 1,000 fr. à l'expiration de l'année, et, conservant cette somme jusque-là, pourrait en retirer 50 francs d'intérêt. S'il paye cinq cents francs au bout du premier semestre, il perd l'intérêt qu'il aurait retiré de cette somme pendant le second semestre, c'est-à-dire 12 francs 50. L'engagement qu'il a pris constitue donc un avantage usuraire au profit du prêteur.

Cette déduction est évidemment sans réplique, mais l'usage a consacré les payements par semestre ou par trimestre; l'Etat lui-même en use vis-à-vis de ses créanciers, et personne ne songe à s'insurger contre une pratique, qui donne satisfaction aux intérêts de tous. Si le débiteur perd l'intérêt d'une portion des intérêts annuels, ce sacrifice est largement compensé par l'avantage qu'il trouve à se libérer par fractions; il n'a ainsi à débourser que des sommes de peu d'importance, qu'il peut facilement prélever sur ses revenus, et le créancier lui-même trouve son profit à ne pas recevoir tous ses intérêts à la fois. On est d'autant plus réglé dans ses dépenses, qu'on se trouve en face d'avances moins considérables.

Le texte de l'article 1er de la loi de 1807, est celui-ci : « L'intérêt conventionnel ne pourra excéder en matière civile 5 0/0 ni en matière de commerce 6 0/0, le tout sans retenue. » Que veulent dire ces mots, sans retenue?

Dans l'ancien droit les débiteurs des rentes n'étaient tenus de les acquitter que déduction faite de l'impôt établi sur le revenu, impôt qu'ils devaient eux-mêmes verser au trésor. C'était la retenue.

Au temps de Pothier cet impôt était de trois vingtièmes

du revenu plus deux sols ou quatre sols pour livre (1). Toute stipulation pour laquelle le débiteur aurait renoncé à la retenue aurait été considérée comme un détour pour excéder le taux maximum et déclarée nulle. Le législateur de 1807 a voulu lever tous les doutes à cet égard ; aujourd'hui l'emprunteur doit acquitter intégralement l'intérêt promis par lui dans les limites du taux légal ; il ne pourrait en retenir une fraction quelconque, qu'autant qu'il s'en serait réservé le droit par une clause spéciale.

Le prêt d'argent ne produit pas des intérêts de plein droit (2), (art. 1152). Les intérêts ne sont dus qu'à la condition d'être expressément stipulés, et le taux doit en être fixé par écrit (art. 1907). Cette exigence de la loi n'a plus aujourd'hui sa raison d'être ; les rédacteurs du code l'y avaient introduite pour servir de frein à la cupidité des usuriers ; ils pensaient que les prêteurs n'oseraient plus stipuler des intérêts excessifs, s'ils étaient tenus d'en laisser une preuve écrite. Au milieu des hésitations de la jurisprudence sur la question de la liberté du taux, ils voulaient assurer du moins aux emprunteurs cette faible garantie. Cette disposition est aujourd'hui sans objet, la convention même non écrite ne peut excéder le taux maximum et dès lors il est superflu d'indiquer par écrit le taux de l'intérêt conventionnel.

Qu'arriverait-il si les parties avaient stipulé des intérêts, sans spécifier à quel taux ils seraient calculés ? Nous avons vu ailleurs la solution que donnait dans ce cas le droit romain. La stipulation d'intérêt était nulle. La loi française au contraire présume que les parties ont eu en vue l'intérêt

(1) Pothier, *Traité du contrat de rente*, nos 13 et 80.

(2) Nous retrouverons plus tard une exception à cette règle en matière de compte-courant. Cass. 12 *juin* 1876. *Sir*. 76, 1, 474.

légal, qu'elle fixe comme le maximum de l'intérêt conventionnel à 5 °/₀ en matière civile et 6 °/₀ en matière de commerce. La loi a-t-elle sagement disposé en fixant l'intérêt légal et l'intérêt conventionnel d'une manière uniforme, ou ne mérite-t-elle pas plutôt quelques critiques sur ce point L'intérêt légal qu'elle fait résulter d'une demande en justice ou de certaines situations juridiques particulières, aussi bien que celui qu'elle présume résulter de l'intention des parties dans le silence des conventions, doit être rationnellement l'intérêt moyen, celui qui représente actuellement la valeur courante de l'argent. Le taux maximum de l'intérêt conventionnel doit, au contraire, être assez élevé pour permettre au prêteur de trouver la compensation des risques que le capital peut courir dans telle ou telle opération, du temps plus ou moins long accordé pour le remboursement et de mille autres circonstances, que les parties seules doivent avoir la latitude d'apprécier. Ce taux doit donc être supérieur au taux légal. Les critiques dirigées sur ce point contre la loi de 1807 nous paraissent pleinement justifiées.

CHAPITRE II.

Des cas où le taux maximum de la loi de 1807 peut être dépassé.

Il est des cas où les parties peuvent stipuler des intérêts supérieurs au taux maximum de la loi de 1807. Ces cas sont de plusieurs sortes ; les uns résultent des principes généraux du droit, les autres de lois spéciales ; ceux-ci ont leur raison d'être dans la nature même de l'opération, ceux-là dans le lieu où le prêt est intervenu.

I

APPLICATION DU TAUX DE 1807 RESTREINTE A LA FRANCE CONTINENTALE.

La loi de 1807 n'a de force obligatoire que dans la France continentale. Les prêts faits à l'étranger ou dans les colonies même n'y sont pas soumis.

Une jurisprudence aujourd'hui constante et une doctrine unanime décident, que les prêts faits à l'étranger sont réglementés par la loi étrangère. En vain objecterait-on que la loi de 1807 a un caractère d'ordre public, que l'influence des climats ne saurait modifier ; il est bien vrai que cette loi est d'ordre public, mais le législateur lui-même a pris soin de nous faire entendre que ces dispositions n'avaient rien d'absolu et d'invariable. Il n'a pas voulu que le code renfermât l'indication d'un taux maximum, parce que ce taux doit changer avec les époques ; il a édicté des dispositions spéciales pour les colonies parce que l'argent n'a pas partout une valeur uniforme ; à plus forte raison n'a-t-il pas voulu que les prêts, faits à l'étranger par nos nationaux, soient soumis à la loi française, au grand détriment des intérêts français. Supposez que le Français joue le rôle de prêteur ou d'emprunteur, peu importe ; il se trouvera dans une situation d'infériorité très préjudiciable, s'il ne peut invoquer, lui aussi, les dispositions de la loi étrangère. Prêteur, il ne trouvera pas de placement à ses capitaux ; emprunteur, il ne pourra obtenir aucun crédit. La loi de 1807 qui est une loi de protection ne deviendrait à l'étranger qu'une entrave.

On a dit qu'il n'est pas conforme à la dignité des tribunaux français de consacrer les dispositions des lois étrangères ; que la fraude irait à l'étranger chercher l'impunité ; nous ne nous attarderons pas à réfuter de pareilles objections. Il arrive tous les jours aux tribunaux français de faire en d'autres matières l'application des lois étrangères, leur prestige n'en subit aucune atteinte ; et quant à la fraude elle fait échec à tous les principes, *fraus omnia corrumpit ;* si elle se fait d'un prêt à l'étranger un moyen d'éluder la loi, il appartient à la sagacité des juges de la découvrir et à leur énergie de la réprimer (1).

(1) Proudhon (*droit civil*, t. I, p. 153) ; Massé (*droit commercial*, 2e édit. t. I, n° 616 et s.) ; Troplong n° 359. — Bastia, 19 *mai* 1866. *Dalloz* 66. 2. 222. Chambéry, 12 *fév.* 1869. *Sir.* 70. 2, 9. — Cass. 21 *déc.* 1874. *Sir.* 75.

Tel est le principe : en voici les applications.

Pour que la loi étrangère soit applicable, il faut et il suffit, que le prêt soit réalisable à l'étranger. Il est évident que deux étrangers qui contractent dans leur pays sous l'empire de leur loi nationale pourront demander l'application de cette loi aux tribunaux français ; la loi étrangère s'appliquera aussi quand un français aura contracté à l'étranger avec un étranger, et il en serait encore de même si le prêt était intervenu entre deux français.

Dans ce cas les tribunaux devront examiner scrupuleusement si les parties ne sont pas allées à l'étranger pour faire échec à la loi de 1807. Si la convention de prêt, bien que souscrite à l'étranger, n'était réalisable qu'en France, il faudrait maintenir le contrat sous l'empire de la loi française. Ce n'est pas en effet le lieu où intervient la convention, qu'il faut considérer pour déterminer le droit applicable ; mais celui où elle devra recevoir son exécution. C'est ce qu'a décidé la Cour de cassation dans l'espèce suivante : Un sieur Michel Bonniard demeurant à Briançon était en relations d'affaires avec les frères Colomb négociants au Brésil. En 1858 intervint entre eux à *Briançon* un règlement de compte par suite duquel les frères Colomb se reconnaissaient débiteurs d'une somme de 200.000 francs remboursable à divers termes convenus avec intérêt de 9 %, taux autorisé par la loi brésilienne. Plus tard les frères Colomb voulurent répéter comme usuraires les intérêts ainsi perçus par Bonniard ; mais le tribunal de Briançon rejeta leur prétention, et son jugement fut confirmé par la cour de Grenoble. Les frères Colomb se sont pourvus en cassation ; mais la Cour a rejeté leur pourvoi (1) pour les motifs suivants :

1. 78. Chambéry, 19 *fév.* 1875. *Sir.* 75. 2. 174. En sens contraire, Duvergier, n° 313.

(1) Cas. civ. 21 *déc.* 1874. *Sir.* 75, I. 78.

« Attendu que la loi de 1807 ne régit les contrats de prêt d'argent qu'autant que le prêt a été réalisé en France. — Attendu, en fait, que si la convention du 31 décembre 1858 a été souscrite en France, le prêt dont elle réglait les conditions n'était réalisable et ne s'est réalisé qu'au Brésil ; que là se trouvait entre les mains des frères Colomb la somme due à Bonniard par suite de ses opérations antérieures, comme commissionnaire desdits frères Colomb et qu'il consentait à leur prêter ; que le prêt s'est ainsi trouvé régi par la loi brésilienne, et qu'en le jugeant ainsi l'arrêt attaqué n'a violé ni la loi précitée du 3 septembre 1807, ni aucune autre loi : rejette. »

Dans l'espèce soumise à la Cour de cassation le prêt avait eu lieu entre français et la convention avait été souscrite en France, mais l'argent prêté n'était pas immédiatement remboursable et devait être engagé dans une entreprise commerciale au Brésil, exposé aux mêmes risques que les capitaux des prêteurs brésiliens ; on pouvait donc justement dire que c'était au Brésil que le prêt devait se réaliser.

On voit par cet exemple que ce n'est pas à la maxime *locus regit actum* qu'il faut rattacher la règle formulée plus haut; elle a son principe dans la liberté des conventions, que la loi de 1807 ne restreint que dans l'étendue du territoire national. Les lois de cette nature sont des lois de statut personnel, les nôtres veulent qu'hors de France le taux de l'intérêt soit libre; les tribunaux devraient donc sanctionner les prêts faits hors de France par un prêteur français, quel que puisse en être le taux et quelle que soit la nationalité de l'emprunteur. Le prêteur étranger au contraire doit rester soumis à son statut personnel ; s'il prête dans son pays, il doit observer le taux maximum de sa loi nationale et s'il le dépasse c'est le devoir des tribunaux français de l'y ramener. Nous serions donc portés à admettre la liberté du taux pour les prêteurs français qui contractent à l'étranger, mais cette opinion n'est pas celle de la jurisprudence. Nous verrons qu'elle s'arroge le droit de contrôler le taux de l'intérêt dans les colonies et de le restreindre en prenant pour base les usages locaux, à l'étranger pour être logique elle devait agir de même; mais là les usages locaux se confondent avec les lois qui les déterminent et la jurisprudence arrive ainsi à l'application de ces lois.

Nous venons de dire que la loi de 1807 n'est pas applicable aux colonies françaises; il importe de distinguer soigneusement sur ce point l'Algérie de nos autres possessions. La loi de 1807 n'a jamais été promulguée dans les colonies; il serait logique de décider que les parties peuvent y fixer librement le taux de l'intérêt conventionnel; mais la jurisprudence ne l'a pas admis, et si elle reconnaît aux prêteurs une liberté plus grande, elle veille néanmoins à ce qu'un certain taux, que les usages et les règlements locaux déterminent, ne soit pas dépassé (1).

L'Algérie est soumise à une législation spéciale. Une ordonnance du 7 décembre 1835 avait fixé à 10 % l'intérêt légal et consacrait la liberté de l'intérêt conventionnel. Un arrêté du pouvoir exécutif du 4 novembre 1848 rapporta cette ordonnance; le 10 % qui était déjà l'intérêt légal devint le taux maximum de l'intérêt conventionnel. Cet arrêté n'eut qu'une autorité éphémère; l'ordonnance de 1835 fut remise en vigueur par un décret du 11 novembre 1849, et c'est elle encore qui régit l'intérêt conventionnel. La loi du 27 août 1881 sur le taux de l'intérêt légal n'a apporté aucune entrave à la liberté du taux de l'intérêt dans nos possessions algériennes. Depuis longtemps le taux de 10 % n'était plus en rapport avec la situation financière de

(1) Bourges, 6 *mars* 1860, *Sir.* 60, 2, 621.

la colonie ; l'intérêt conventionnel qui aux premiers jours de la conquête s'élevait jusqu'à 25 et 30 °/₀ dans les prêts hypothécaires et qui atteignait dans les autres un taux encore plus élevé, s'était abaissé peu à peu et variait selon les risques de l'opération, de 6 à 12 pour °/₀; le taux de l'intérêt légal qui était resté stationnaire était par là-même devenu excessif; MM. Jacques, Gastu, Thomson, déposèrent une proposition de loi ainsi conçue : « Le taux de l'intérêt légal de l'argent en Algérie sera à l'avenir, à défaut de convention, de 6 °/₀, tant en matière civile que commerciale. » Ce projet portait atteinte à l'ordonnance de 1835 sur l'un des deux points qu'elle règlemente ; la commission de la Chambre des députés pensa qu'il convenait d'abroger complètement cette ordonnance, en rappelant, dans la loi nouvelle, les dispositions relatives au taux de l'intérêt conventionnel, que l'on voulait conserver. Le même texte aurait ainsi règlementé complètement la matière des intérêts en Algérie. La Chambre vota le projet modifié dans ce sens.

Au Sénat la question fut appréciée d'une tout autre manière. On estima qu'il fallait ramener le texte à la proposition primitive, restreindre l'intérêt légal, mais ne pas rappeler la liberté de l'intérêt conventionnel afin de ne pas se prononcer, même accessoirement, sur la grande question de la liberté du taux (1). Le texte fut amendé et renvoyé à la Chambre, qui l'adopta sans nouvelle modification. La loi a pour titre : — *Intérêts de Capitaux. — Taux légal.* L'article 1er est ainsi conçu : « A défaut de convention, l'intérêt légal en Algérie sera à l'avenir de 6 pour °/₀, tant en matière civile qu'en matière commerciale. » L'article 2 est relatif aux rentes perpétuelles. L'article 3 dispose :

(1) Rapport de M. Casimir Fournier.

« l'ordonnance royale du 8 décembre 1835 est abrogée en ce qu'elle a de contraire à la présente loi. »

Les travaux préparatoires, le titre de la loi, son texte sont d'accord pour en restreindre la portée ; l'intérêt légal est réduit à 6 %, mais l'intérêt conventionnel reste libre, l'ordonnance de 1835 conserve sur ce point son application.

L'Algérie tout entière échappe donc encore à la limitation du taux de l'intérêt. Il existe bien d'autres exceptions.

II.

FAVEURS ACCORDÉES A CERTAINS ÉTABLISSEMENTS PAR DES LOIS SPÉCIALES.

Une des plus remarquables exceptions à la loi de 1807 est celle que consacre l'article 8 de la loi du 9 juin 1857. Cette loi autorise la banque de France à élever quand les circonstances l'exigent, le taux de son escompte et de ses avances au-dessus de 6 %. On a voulu par cette mesure prévenir l'épuisement de l'encaisse métallique de ce grand établissement, épuisement qui n'aurait pas manqué de se produire, toutes les fois que l'argent aurait eu à l'étranger une plus grande valeur.

Quand la banque de France a recours à cette faculté, il se produit par contre-coup un résultat qu'il est bon de signaler. Les banquiers augmentent eux-mêmes le taux de leurs prêts et font payer à leurs clients, en sus du taux légal, à titre de commission transitoire, un droit spécial qui élève l'intérêt au taux adopté par le banque de France.

Ils ne peuvent pas sans doute enfreindre la loi de 1807 et

augmenter directement l'intérêt de leurs avances, mais ils peuvent convenir avec leurs clients, qu'ils exigeront une commission transitoire représentative de l'intérêt qu'ils sont eux-mêmes obligés de servir à la banque de France; et à cette condition ils ne sont même pas tenus de démontrer qu'ils se sont effectivement procuré des fonds à cet établissement (1). La nécessité de cette jurisprudence est évidente. Si comme le dit un arrêt « lorsque la banque élève son escompte, les banquiers ne pouvaient prêter qu'au taux prescrit par la loi du 3 septembre 1807, ils se verraient forcés, à défaut d'autres ressources, de suspendre leurs opérations au détriment de l'industrie et du commerce; un sage tempérament devait être apporté en vue de cette situation particulière à l'interprétation rigoureuse de la loi et la jurisprudence a décidé avec raison, que lorsque le crédité avait consenti à subir une augmentation d'intérêts motivée par l'élévation du taux de l'escompte de la banque de France, cet acquiescement le rendait non recevable dans ses griefs (2). »

En fait, quand la banque de France élève le taux de son escompte, tous les banquiers suivent son exemple. Il y a donc dans cette disposition une grave dérogation à la loi de 1807. Mais pour qu'un droit de commission transitoire puisse être légitimement perçu, il faut que le taux de la banque de France soit effectivement supérieur à 6 %. Cette remarque qui paraît puérile a fait cependant l'objet d'une contestation (3).

Une loi du 6 juillet 1860 consacre une autre dérogation à la loi de 1807 au profit du Crédit foncier. Cet établisse-

(1) Nancy, 8 *juillet* 1858. Sir. 58, 2, 698. — Cass. 9 *juillet* 1872. — *Sir*. 72, 2, 288.

(2) Bourges, 14 *mai* 1873. *Sir*. 74, 2, 108.

(3) Cass. 4 janv. 1876. Sir. 76, 1, 65.

ment qui n'a aucun caractère commercial est autorisé à prêter à 5 fr. 60 cent. °/₀ par an.

Les prêts sur nantissement faits par les Monts-de-Piété ne sont pas non plus soumis à l'observation du taux légal. Le Mont-de-Piété de Paris a coutume de prêter à 12 °/₀, si le prêt est de trois mois ; à 18 °/₀, si le prêt est de deux mois, et à 36 °/₀, si le prêt est de un mois. En province les Monts-de-Piété prêtent à un taux moins élevé, mais qui ne s'abaisse guère au-dessous de 9 °/₀. Ce taux exorbitant s'explique d'autant moins que l'emprunteur perd l'usage de l'objet mis en gage et que le gage a toujours une valeur supérieure au capital prêté (1).

III.

DU PRÊT A LA GROSSE ET DES PRÊTS AYANT UN CARACTÈRE ALÉATOIRE.

Le taux de l'intérêt n'est pas limité dans le prêt à la grosse, le *nauticum fœnus* des Romains. Cette dérogation n'a pas besoin d'être expliquée, le motif en est évident ; le prêteur est exposé à perdre son capital, il est juste qu'il

(1) Il faudrait encore citer comme des dérogations à la loi de 1807, les emprunts contractés au-dessous du pair par l'Etat ou les villes ; ces dérogations sont consacrées par des lois. Les grands emprunts du gouvernement français en 1816 et 1818, ont eu lieu au taux de 10 pour °/₀, c'est-à-dire qu'on a donné cent francs de rente 5 °/₀ pour cinquante francs. Le même fait s'est renouvelé en 1848. Plus récemment à la bourse de Paris, l'emprunt Italien s'est fait à 7 pour °/₀ ; l'emprunt Ottoman à 8 °/₀ ; l'emprunt Mexicain à 9 1/2 pour °/₀. Les emprunts contractés par la France à la suite des douloureux évènements de 1870-71 ont été négociés dans des conditions analogues.

en retire des profits plus considérables (1). Les risques de l'opération sont l'unique raison de la liberté dont elle jouit.

Généralisant cette idée, plusieurs arrêts ont admis que la prohibition de stipuler des intérêts supérieurs au taux légal ne s'applique pas aux conventions où le prêteur se soumet à des risques extraordinaires (2). Ainsi la jurisprudence a décidé que le prêteur qui doit recevoir son remboursement au moyen d'obligations industrielles créées à son profit par l'emprunteur et payables à des époques successives par voie de tirage au sort, est fondé à stipuler outre l'intérêt légal une prime pour chacune de ces obligations. Dans ce cas, le capital aventuré dans une entreprise industrielle, n'étant pas immédiatement remboursable, est soumis à des chances de dépréciation ou de disparition dont l'emprunteur, disent ces arrêts, est en droit de recouvrer l'équivalent. Cette jurisprudence est combattue avec beaucoup de vigueur par M. Pont (3) et avec raison selon nous; elle n'est du reste pas conséquente avec elle-même. Elle estime que dans certains cas, à raison des risques de l'opération, le taux maximum de 1807 peut être légitimement dépassé; elle devrait dès lors pour ces cas exceptionnels consacrer la liberté des parties. En dehors de la loi de 1807, il n'est aucun texte restrictif; si cette loi disparaît l'intérêt devient libre; mais la jurisprudence ne l'entend pas ainsi, elle se réserve, suivant les circonstances, le droit de maintenir le contrat au taux que les parties ont fixé, ou de restreindre ce taux, sans descendre toutefois jusqu'à celui de 1807. C'est de l'arbitraire pur.

(1) Art. 311 à 225 du Code de commerce.

(2) Cass. 21 *mai* 1834. *Sir*. 34, 1, 67. — Cass. 7 *mai* 1844. *Sir*. 45, 1, 53. — 13 *août* 1845, *Sir*. 45, 1, 714.

(3) Pont, *Petits Contrats*, n° 286.

La loi de 1807 bonne ou mauvaise a englobé dans ses dispositions tous les prêts à intérêt, quels que puissent en être les conditions et les risques ; elle n'a pas fixé un taux unique en dessus comme en-dessous duquel les prêts ordinaires ne pourraient pas être contractés, mais bien un taux maximum. Ce taux doit permettre aux parties, de tenir compte dans leurs conventions, de toutes les circonstances de nature à augmenter ou à diminuer les avantages que le contrat leur procure. Que ce taux maximum ne réponde pas en fait aux exigences de certaines situations, cela est possible, mais c'est au législateur, non aux tribunaux qu'il appartient de le modifier.

IV.

DU CHANGE.

Le change est l'achat d'une créance payable dans un autre lieu que celui du contrat (1). *Emptio venditio pecuniæ absentis pecunia præsenti.* Le négociant qui vous remet à Grenoble une somme que vous serez obligé d'aller chercher à Dunkerque exige une rémunération qui s'appelle change et qu'il faut bien se garder de confondre avec l'intérêt. « Le change n'est pas comme l'intérêt le prix des risques et du louage de l'argent, il est le prix de la remise d'une place sur une autre, et comme le Code lui-même tient compte de la valeur variable de l'argent (art. 1296), il est bien évident que le change même fort élevé doit être distingué de l'usure, à laquelle il ne pourrait être assimilé,

(1) Pont, *Petits Contrats*, n° 282.

que si les parties, sous le prétexte d'un contrat de change, avaient déguisé un prêt (1). »

Presque tous les auteurs sont d'accord pour reconnaître les différences profondes qui séparent le change du prêt à intérêt; aussi admet-on généralement, en doctrine, que le droit de change échappe absolument à la limitation de la loi de 1807. Le change, il est vrai, a souvent servi à déguiser le prêt; mais la fraude ne doit pas se présumer et la loi doit laisser aux tribunaux le soin de la déjouer. On pourrait objecter que, comme dans le prêt, l'une des parties reçoit ici une certaine somme en échange du titre qu'elle remet à l'autre; mais tandis que dans le prêt ce titre doit rester aux mains du prêteur, qui en exigera lui-même le payement au jour de l'échéance, il est destiné dans le change à circuler par endossements, et sera payé par un tiers désigné, dans un lieu différent de celui où il a été souscrit. Le contrat de change participe à la fois du prêt, du mandat et de la vente. Il est donc juste que le banquier perçoive en sus de l'intérêt de la somme qu'il avance, un émolument qui n'est après tout que l'indemnité des frais de déplacement, de transport, de correspondance, de tenue d'écritures, de livres, etc.

C'est avec raison que la jurisprudence a soustrait le droit de change à l'application de la loi de 1807. On s'accorde presque universellement sur ce point (2). Mais la jurisprudence va plus loin, elle refuse d'appliquer le taux maximum aux droits d'escompte et de commission que les banquiers sont dans l'usage de retenir; beaucoup de jurisconsultes estiment que c'est méconnaître la pensée de la loi.

(1) Pont, n° 282.

(2) Troplong, n°s 380 et suiv. — Aubry et Rau, 4e édit. page 605. — Pont, *Petits Contrats*, n°s 282.

V.

DE L'ESCOMPTE.

L'escompte est la retenue que fait un banquier en payant un billet avant terme. Cette retenue peut-elle être autre chose que l'intérêt de la somme portée au billet ; est-elle soumise au taux de 1807 ? La jurisprudence a consacré la négative et beaucoup d'auteurs l'ont suivie (1). On justifie cette décision, en alléguant que l'escompte n'est pas un prêt, mais une cession de créance à prix débattu, une véritable vente.

Ce raisonnement a trouvé cependant des contradicteurs (2). L'escompte n'est pas une cession de créance. Dans la cession de créance le cédant garantit l'existence de la créance, mais point la solvabilité du cédé. Dans l'escompte celui qui présente le billet à escompter est garant du paiement à l'échéance. En dernière analyse, il reçoit en prêt une somme déterminée et désigne au prêteur un tiers qui effectuera le remboursement au terme convenu ; on ne voit pas pourquoi il paierait des intérêts supérieurs au taux maximum ! Et dût-on assimiler l'escompte à une vente, il ne faudrait pas le soustraire à l'application de la loi de 1807 ; car qu'est-ce que le prêt à intérêt lui-même sinon la vente d'une créance, que l'acheteur s'oblige à

(1) Grenoble, 16 *février* 1836. *Sir*. 37, 2, 361. — Cass. 10 *juin* 1870. *Sir*. 70, 1, 157. — Cass. 16 *août* 1877. *Sir*. 78, 1, 331. — Aubry et Rau, loc. cit. Troplong, n°s 370 et suiv.

(2) Pont, *Petits Contrats*, n°s 283 et 284.

payer au terme convenu. Enfin la question parait tranchée par la loi du 9 juin 1857, qui autorise la banque de France à élever le taux de son escompte au-dessus de 6 %. « Cette loi, dit M. Boistel, n'aurait aucun sens si le législateur n'était pas parti de cette idée qu'il est défendu en principe de dépasser ce taux (1). » Pour être logique, il faudrait au contraire assigner à l'escompte un taux inférieur à celui du prêt, pour la double raison que l'intérêt y est payé d'avance, et que les risques sont moins grands, puisque tous les signataires du billet sont garants de son remboursement. Tout au moins faudrait-il calculer l'escompte non pas sur le chiffre nominal du billet, mais sur la somme dont le banquier se dessaisit ; et cependant, en pratique, le calcul de l'escompte se fait toujours sur la valeur nominale de l'effet à escompter.

Quoi qu'il en soit de cette discussion théorique, une jurisprudence définitive aujourd'hui, affranchit l'escompte commercial des entraves de la loi de 1807 ; elle s'est mise, selon nous, en dehors des principes ; mais la pratique est forcée de l'accepter. Nous en dirons autant pour le droit de commission.

VI.

DU DROIT DE COMMISSION.

Les banquiers sont dans l'usage de percevoir, en sus de l'intérêt légal et à titre de rémunération de leurs services, une certaine somme proportionnelle au capital par eux décaissé ; c'est le droit de commission. La jurisprudence l'auto-

(1) Boistel, *Précis du droit commercial*, n° 695.

rise et quelques auteurs en reconnaissent la légitimité (1). Les droits de commission varient en fait de un quart à un vingtième de franc pour cent, 0,25 cent. ou 0,05 pour cent francs. La jurisprudence ne consacre pas d'une manière absolue, pour le banquier, le droit de percevoir une commission sur tous les décaissements qu'il effectue. D'après les arrêts, le droit de commission serait la rémunération de services spéciaux ; mais la Cour de Cassation laisse les tribunaux souverains appréciateurs de ces services ; cela revient à légitimer, dans tous les cas, la perception du droit de commission. La pratique ne s'y est pas trompée. Réduite même à ces données théoriques, la doctrine de la jurisprudence ne va-t-elle pas directement à l'encontre de la loi de 1807 !

On dit pour justifier cette interprétation, que les banquiers ont des connaissances spéciales longuement et chèrement acquises, que l'exercice de leur profession les oblige à occuper des employés nombreux, à avoir des loyers importants, des frais considérables ; que leurs capitaux courent en raison de leur affectation spéciale des risques particuliers ; on ajoute, les banquiers sont des commerçants, leur existence est utile, indispensable aux fonctions de la vie sociale, il faut qu'ils fassent des bénéfices ! Tout cela est vrai, très vrai ; ces considérations sont d'un grand poids et le législateur peut-être aurait sagement fait d'en tenir compte ; peut-être aurait-il convenu de laisser le commerce des banquiers en dehors de la loi de 1807 ; mais ce sont là des considérations législatives et non des arguments juridiques. Quand un banquier fait une avance à un de ses clients, il lui rend un service unique, le prêt ; il en trouve la rému-

(1) Boistel, *Précis du droit commercial*, n° 695.

nération dans les intérêts légaux. Il n'y a pas à se préoccuper de savoir si ce service exige de lui des soins ou des démarches spéciales, la loi ne fait aucune distinction ; elle a prévu cette situation et n'en a tenu aucun compte ; elle a voulu imposer à tous et toujours, une barrière uniforme : le taux maximum.

Le législateur a entendu par là prévenir les mille détours que prenaient les usuriers de l'ancien régime pour échapper aux investigations de la justice. La mesure fut peut-être excessive, mais elle n'a jamais été rapportée. En vain, objecterait-on les usages commerciaux qui, aujourd'hui, consacrent universellement le droit de commission ; des usages si généraux et si anciens qu'ils soient, ne peuvent faire échec à des dispositions d'ordre public. Nous avons vu que la loi de 1807 avait ce caractère (1).

En admettant en principe la théorie de la jurisprudence, comment consentir à l'appliquer dans l'hypothèse où un banquier se borne à reporter, dans un compte courant, le solde débiteur de son client, à la suite d'un arrêté trimestriel. Ici le banquier n'a pas à prendre de nouveaux renseignements sur la solvabilité, il n'a pas de démarches à faire pour se procurer les espèces, il n'a en réalité qu'une écriture à passer ; il est impossible de trouver là un service de nature à légitimer la perception d'un droit de commission. Ce droit a été perçu une première fois au moment du décaissement; le renouveler tous les trimestres, c'est percevoir deux, trois, quatre fois une rémunération pour un même fait, c'est à n'en pas douter une violation de la loi. Cependant la jurisprudence, après avoir longtemps repoussé cet usage (2), s'est décidée aujourd'hui

(1) Pont, *Petits Contrats*, t. Ier, n° 285. — Mersier, *Revue pratique*, t. XVIII.

(2) Cass. 14 *mai* 1862. *Dall.* 1852. 1. 491.

à le tolérer. L'abus est d'autant plus regrettable que les droits de commission perçus à raison d'opérations en compte courant sont beaucoup plus forts. On en justifie l'élévation en faisant remarquer que le banquier en ouvrant un compte courant, est obligé d'avoir constamment en caisse les sommes qu'il doit mettre à la disposition de son client ; c'est pour lui de l'argent qui dort, il faut qu'il en retrouve l'intérêt. Ce raisonnement n'est pas concluant ; si en réalité le banquier a été obligé de se procurer à l'avance les sommes que son client a reçues ; qu'il lui en compte l'intérêt jusqu'à la réception, mais qu'il ne lui réclame pas, après la réception, un droit supérieur à l'intérêt légal.

En dépit de ces considérations, la jurisprudence après avoir combattu cette pratique, semble aujourd'hui s'y être ralliée tout à fait (1). Mais ici encore la cour de cassation laisse les tribunaux souverains appréciateurs de l'existence et de l'importance du service, qui légitime la perception d'un droit de commission. La cour d'Angers avait refusé dans les termes suivants de reconnaître la légitimité du droit de commission perçu sur le report des soldes trimestriels. « Attendu que les commissions perçues sur des sommes simplement reportées d'un compte ancien au compte nouveau constituent *un abus véritable; que la commission est due seulement sur des sommes versées et non sur les sommes reportées* etc. » (2) C'était à ne pas s'y méprendre un arrêt de principes et cependant la Cour de cassation a refusé de l'infirmer, sous le prétexte que les juges avaient décidé en fait, qu'aucun service n'avait été rendu.

(1) Derniers arrêts. Cass. 8 *octobre* 1871, *Sir*. 72, 1. 150. — 15 *novembre* 1875, *Sir*. 76, 1. 69. — Rennes, 13 *mars* 1873, *Sir*. 79. 2. 257. — Rennes 24 *février* 1879, *Sir*. 79. 2. 257. — Orléans 17 *février* 1881, *Sir*. 82. 2. 245.

(2) Angers, 5 *février* 1874, *Sir*. 76, 1. 70. sous cassation.

Voici les considérants de cet arrêt : « Attendu que le droit de commission n'est pas l'accessoire obligé de toutes les avances faites par un banquier en compte-courant ; qu'il n'est dû qu'à titre de rémunération d'un service rendu et qu'il appartient aux juges du fait de décider souverainement si un service a été rendu, en quoi consiste ce service et la rémunération qu'il mérite;.. » Mais voilà où la Cour de cassation méconnaît la portée de l'arrêt de la Cour d'Angers : « Attendu que la cour d'Angers n'a pas jugé en droit que dans aucun cas une rémunération ne pouvait être accordée sur des sommes reportées d'un compte ancien à un compte nouveau; qu'elle s'est bornée à constater en fait l'absence dans la cause de tout service de nature à modifier l'allocation d'une rémunération spéciale au profit des demandeurs, en déclarant que les commissions réclamées par eux sur des sommes simplement reportées d'un compte à un autre constituaient un abus véritable, rejette, etc. » (1)

Quand donc le simple report du solde trimestriel d'un compte à un autre peut-il constituer un service ? C'est ce que la Cour de cassation néglige de nous dire. En réalité il n'est pas possible d'attribuer à cette opération des conséquences différentes, alors qu'elle ne change pas de caractère ; la théorie de la cour suprême a pour effet de substituer l'arbitraire du juge aux règles tutélaires de la loi.

Nous n'hésitons pas du reste à conclure à un point de vue plus général que le droit de commission perçu par un banquier comme rémunération de ses avances est illégitime, s'il porte l'intérêt convenu à un chiffre supérieur au taux légal. Nous devons observer d'ailleurs que si la jurisprudence le tolère, elle s'arroge aussi la faculté d'en apprécier et, s'il y a lieu, d'en restreindre le quantum.

(1) Cass. 15 *novembre* 1875. *Sir.* 76, 1. 71.

Nous devons observer aussi que la Cour de cassation ne reconnaît pas seulement aux banquiers le droit de percevoir une commission en sus de l'intérêt légal, mais encore aux simples particuliers, à un intermédiaire de prêt par exemple. Un arrêt a décidé qu'il n'y a pas de délit d'usure, quand il résulte des faits constatés et souverainement appréciés par les juges, que le prévenu n'était pas en réalité le prêteur des fonds, mais un simple intermédiaire, qui après avoir endossé les billets de l'emprunteur et avoir ainsi donné sa garantie personnelle, s'était borné à négocier ces billets dans une maison de banque, et avait perçu, pour ce service, un droit de commission qui n'avait rien d'excessif. (1)

Nous l'avons vu plus haut, quand la banque de France élève le taux de son escompte, les banquiers peuvent convenir d'un intérêt supérieur au taux légal. Ils perçoivent alors un droit particulier qui reçoit le nom de commission transitoire. La commission transitoire n'est pas due de plein droit ; pour qu'elle puisse être exigée, il faut qu'une convention soit intervenue à cet effet entre les parties. Certains banquiers ont essayé de généraliser l'usage de la commission transitoire, de la percevoir en tout temps, même quand le taux de l'escompte de la banque de France n'est pas supérieur au taux légal. La jurisprudence a condamné avec raison cette pratique (2).

(1) Cass. 2 *août* 1878, *Sir.* 78, 1. 480.
(2) Cass. 4 *janvier* 1876, *Sir.* 76, 1. 55.

VII

DES REPORTS DE BOURSE.

La loi de 1807 est encore enfreinte journellement dans l'opération connue à la Bourse sous le nom de *report* ou mieux, *marché-report*. Le marché-report est la combinaison du marché au comptant et du marché à terme ; il a lieu toutes les fois que dans le même contrat une même personne *vend au comptant et rachète à terme* ou *vend à terme et rachète au comptant.*

Cette opération n'est qu'un prêt à intérêt. On le comprendra quand nous en aurons expliqué le fonctionnement et l'utilité ; mais auparavant quelques explications générales sont nécessaires.

Il est rare que les cours du marché au comptant et du marché à terme soient uniformes. On dit qu'*il y a report* quand le terme est plus cher que le comptant, c'est le cas le plus ordinaire ; qu'*il y a déport*, quand le comptant est plus cher que le terme ; que *le report est au pair*, quand il n'y a aucune différence entre les deux cours. Voici comment va intervenir le marché-report :

Un capitaliste achète au comptant 3.000 fr. de rente 3 0/0 au cours de 78 et les revend à terme à son vendeur, au comptant, au cours de 79 ; il paye immédiatement 78.000 francs et recevra à la liquidation 79.000 ; il rentrera dans ses fonds et recevra en outre mille francs ; ces mille francs sont le prix du report, ce n'est en réalité que l'intérêt de l'argent qu'il a avancé.

C'est là une opération sur le report. Ces opérations sont

les plus fréquentes car le report se produit plus souvent que le déport ; cela parce que le titre marche toujours vers le détachement du coupon et que les intérêts s'accumulent jusqu'au terme, ce qui donne au titre une valeur plus considérable à terme qu'au comptant. Mais on peut parfaitement faire l'hypothèse inverse et supposer une opération sur le déport. Le capitaliste vend ses titres au comptant à 78 et les rachète à terme à 77,55 ; en supposant comme précédemment qu'il opère sur 3.000 francs de rente 3 0/0 il gagne cinq cents francs ; il livre ses titres, reçoit 78.000 francs et retire ses titres à la liquidation en ne rendant que 77,500 francs. Il aura en outre profité de l'intérêt de la rente. Dans cette hypothèse il y a encore un prêt, non plus un prêt d'argent mais un prêt de titres ; l'intérêt en est représenté par la somme de 500 francs, que retient le capitaliste sur la différence des cours ; et cet intérêt est payé d'avance. Cette opération bien que faite sur le déport se confond avec la précédente sous la dénomination de marché-report.

Quelle est l'utilité et la raison d'être des marchés-reports? C'est ce qui nous reste à expliquer.

Supposons un *acheteur à terme*. A l'arrivée du terme, il peut liquider, vendre ses titres ou les garder, comme bon lui semble, en en payant le montant à son vendeur. Si le cours du jour dépasse le taux où il a acquis, il réalise un bénéfice; s'il est moins élevé, il fait une perte. Pierre a acheté à 78 fr. des titres qui ne valent, à la liquidation, que 77.50; il perd 50 centimes pour cent francs de rentes ; pour 5,000 francs de rente, il perd 500 francs. S'il disposait de capitaux suffisants, il pourrait s'acquitter envers son vendeur, garder ses titres et attendre la hausse ; mais la raison d'être des marchés à terme, est la spéculation ; ils permettent au joueur d'opérer sur des chiffres supérieurs au montant des capitaux dont il dispose. Aussi, pour payer son vendeur à la liquidation, Pierre devra-t-il vendre les titres qu'il reçoit de lui. Si le cours du jour est plus élevé que celui auquel il a acheté les titres, il pourra se libérer et conserver un bénéfice; si le cours du jour est plus bas, il livrera à son vendeur le prix qu'il retirera lui-même, et puisera dans sa caisse pour parfaire le reste. Il pourra s'en tenir là, mais le joueur ne veut jamais rester sur sa perte. En même temps qu'il vendra ses titres pour payer son vendeur, il en achètera d'autres au terme prochain ; il persiste à croire à la hausse, et a l'espoir de se rattraper. S'il vend au comptant et achète à terme à deux individus différents, il n'y a, entre les deux opérations, de relations que dans son esprit; il n'y a pas marché-report. Le marché-report interviendra quand les deux opérations seront connexes, c'est-à-dire quand la vente au comptant et l'achat à terme seront négociés avec la même personne. Le vendeur au comptant, acheteur à terme, est *reporté*, c'est-à-dire que la personne avec laquelle il traite lui fournit le capital nécessaire à sa libération, sous la garantie de la transmission des titres, et moyennant un prix qui n'est que la différence entre le cours du jour et le cours du terme, et qu'on appelle spécialement report. Le capitaliste qui se prête à cette combinaison prend le nom de *reporteur*. Ce n'est, au fond des choses, qu'un prêteur à intérêt sur dépôt de titres; et comme le prix du report est toujours très élevé, cette opération constitue un placement aussi lucratif que solide.

Plaçons-nous maintenant dans l'hypothèse d'un *vendeur à terme*. Le terme arrivé, il doit se procurer des titres pour les livrer à son acheteur; si le cours du comptant est descendu au-dessous de celui de la vente à terme, notre vendeur à terme n'aura qu'à acheter des titres au comptant; il les payera avec le prix de la vente à terme qu'il a faite, en retenant la différence entre les cours qu'il encaissera.

Si, à l'inverse, le cours du comptant est devenu supérieur à celui de la vente à terme qu'il a faite, le prix qu'il va recevoir ne sera plus suffisant pour payer au comptant les titres qu'il doit livrer ; il sera obligé de prendre dans sa caisse pour le compléter. Mais il croit toujours à la baisse ; il veut se rattraper ; il a, lui aussi, recours au marché-report. A la même personne, il achètera au comptant les titres qu'il doit livrer, et en revendra d'autres fin courant, à un prix moins élevé. Cette opération n'est qu'un prêt de titres, consenti moyennant la remise d'une somme en gage et le payement d'un certain intérêt, qui est le report ; c'est-à-dire la différence entre les cours. Le capitaliste qui prête les titres, est ici le *reporteur ;* le spéculateur qui les emprunte, est le *reporté.* Le reporteur ne court aucun risque ; il est nanti des espèces ; il reçoit le report d'avance, et il bénéficie du cours des intérêts.

Telles sont les deux opérations bien distinctes connues sous la dénomination commune de marché-report. La première a lieu sur le *report,* et la seconde sur le *déport.* La différence des cours qui bénéficie au capitaliste, s'appelle, dans les deux cas, *report.*

Le taux du report est souvent fort élevé. Il est rare qu'il ne dépasse pas six pour cent, et il monte souvent à dix, quinze, vingt pour cent, quelquefois plus haut. Il varie avec les influences qui agissent sur le marché. Si l'opinion dominante est à la hausse, les vendeurs à terme liquideront ; ils demanderont des titres au comptant pour les livrer à leurs acheteurs. Les acheteurs à terme ne liquideront pas ; ils revendront les titres qu'on leur livre pour se procurer les fonds nécessaires pour payer leurs vendeurs ; mais, en même temps, ils voudront reporter, et ils rachèteront à terme les titres qu'ils vendent au comptant. Dans ces conditions, les offres de vente et les demandes d'achat au comptant seront à peu près égales ; le taux du comptant restera stationnaire. Au contraire, les demandes d'achat à terme seront beaucoup plus nombreuses que les offres, et le taux du terme montera. Les acheteurs à terme qui croient à la hausse, sont les *haussiers*; les *baissiers* sont, au contraire, les vendeurs à terme qui croient à la baisse.

Si l'opinion dominante est à la baisse, c'est-à-dire si les baissiers sont les plus nombreux, les acheteurs à terme voudront liquider, ils voudront se débarrasser des titres qu'on leur remet pour en payer le prix, et se garderont d'en acheter d'autres, de peur de recevoir à la liquidation suivante, des titres dépréciés; les vendeurs à terme, au contraire, qui croient à la baisse, lèveront des titres pour les remettre à leurs acheteurs, mais en revendront en même temps, fin courant; comme ils ne trouveront pas d'acheteurs, ils seront obligés de vendre à bas prix; le déport pourra être important.

Si aucun courant n'existe sur le marché; si les baissiers et les haussiers sont en nombre égal, personne ne voudra liquider, les offres de vente et les demandes d'achat à terme se balanceront, les acheteurs et les vendeurs se reporteront gratuitement les uns les autres, le cours du terme pourra être égal à celui du comptant : on dira alors que le report est au pair. Cette situation se produira bien rarement, car elle suppose une égalité absolue dans les prévisions pour la hausse et pour la baisse.

La loi de 1807 doit-elle limiter le taux des reports? Il y a lieu, pour l'examen de cette question, de distinguer entre les deux hypothèses que nous avons analysées plus haut. Nous avons vu qu'en cas de report proprement dit, c'est-à-dire de vente au comptant et de rachat à terme, il y a un prêteur: le reporteur; un capital prêté : le prix de la vente au comptant; une garantie: les titres; un intérêt : le report. Il y a là tous les caractères d'un véritable prêt à intérêt, et ce prêt à intérêt est un prêt d'argent; nous ne voyons aucune raison pour le soustraire à l'application de la loi de 1807. Tout, dans les mots, concourt à faire du report une opération distincte du prêt; l'opération se présente sous la forme d'un achat et d'une revente; c'est une sorte de vente à réméré; pour qu'on ne puisse pas donner le nom de gage aux titres que le reporteur reçoit, on réserve expressément pour lui le droit d'en disposer, à la charge d'en remettre d'autres; la remise de choses fongibles est contraire aux règles ordinaires du gage. Mais, en dépit de ces apparences, il y a dans le report un véritable prêt. Ce n'est pas la première fois qu'on s'est servi de la vente à réméré pour dissimuler les prêts usuraires. Le caractère distinctif de la vente à réméré, c'est que le rachat y est facultatif pour le vendeur; tandis que dans le prêt avec gage, le créancier gagiste peut exiger le remboursement, en restituant l'objet reçu. Dans notre espèce, le reporté qui joue le rôle de vendeur n'est pas libre d'effectuer ou non le rachat; le rachat à terme a lieu en même temps que la vente, et les deux opérations se confondent en une seule. Le report n'est qu'une application particulière du mohatra, condamné avec raison, nous l'avons vu, par les canonistes, comme un moyen de déguiser l'usure.

Le mohatra, nous l'avons expliqué, est la combinaison de la vente au comptant et de la revente à terme, appliquées à un même objet. Pierre vend à Paul une certaine quantité de marchandises, livrables de suite, pour un prix fixe que Paul lui paye immédiatement; Paul revend à Pierre les mêmes marchandises pour un prix supérieur, payable dans un an; — c'est un mohatra, c'est-à-dire un prêt à intérêt déguisé. Pierre, l'emprunteur, remet en gage (1)

(1) Le terme peut affecter non seulement le payement du prix, mais la livraison des marchandises, dans ce cas, il y aura véritablement un gage

une certaine quantité de marchandises; Paul, le prêteur, lui compte sur-le-champ une somme déterminée, qui lui sera rendue dans un délai fixé, augmentée d'une autre somme également déterminée, qui n'est que la représentation des intérêts convenus entre les parties. Le report est-il autre chose? Paul, c'est le reporteur; Pierre, c'est le reporté; la chose donnée en gage, ce sont les titres; l'intérêt, c'est le report. S'il s'agissait d'une convention ordinaire, personne ne ferait difficulté de reconnaître que c'est le cas de faire l'application de la loi de 1807; nous ne comprendrions pas que la solution pût être différente, par cela seul que l'opération se réalise à la Bourse. Il y a dans cette pratique une violation manifeste de la loi; un arrêt de cassation l'a reconnu; mais les tribunaux sont impuissants à déjouer la fraude, et le report est devenu d'un usage général.

C'est une question encore plus délicate de savoir si le taux du report reste soumis à la loi de 1807 quand on spécule sur le déport. On dit alors avec raison qu'il n'y a pas de prêt d'argent, qu'il n'y a qu'un prêt de titres. Le vendeur à terme qui se fait reporter, achète des titres au comptant, mais en même temps il les revend à terme à un prix moins élevé; la perte qui résulte pour lui de la différence des cours représente les intérêts, il les paye pour l'usage des titres qu'il a reçus. Il s'agit donc en effet d'un prêt de titres; la loi de 1807 ne vise que les prêts d'argent; la liberté du taux de l'intérêt subsiste pour les autres, notamment pour les prêts de titres d'actions ou d'obligations industrielles ou commerciales; si donc l'opération a été faite non pas sur des rentes mais sur des

dans le cas contraire, il n'y aura pas de gage, mais l'opération n'en aura pas moins tous les caractères du prêt à intérêt.

actions ou obligations industrielles ou commerciales, le report échappe incontestablement à l'application du taux maximum.

La loi de 1807 ne s'applique pas, en effet, aux prêts de titres d'actions ou d'obligations industrielles (1); cette opinion n'est pas admise sans discussion (2), mais la majorité des auteurs y souscrit. La loi de 1807 a pour titre : *loi sur le taux de l'intérêt de l'argent*; elle indique par là qu'elle reste étrangère à tout prêt qui porte sur des choses mobilières, autres que l'argent. Les travaux préparatoires confirment cette interprétation, qui s'impose au jurisconsulte en vertu du principe que les lois restrictives ne doivent pas être étendues (3). Nous sommes donc obligés d'admettre que sur les spéculations à la baisse, le report échappera à la loi de 1807, toutes les fois que les titres négociés seront des titres d'actions ou d'obligations ayant une valeur commerciale déterminée et ne pouvant être confondus avec une certaine quantité de numéraire. Mais il ne faut pas aller plus loin, et quand il s'agira de titres de rente sur l'Etat, qui ne sont après tout qu'une sorte de monnaie fiduciaire représentant une valeur certaine en argent, nous pensons que la loi de 1807 devra s'appliquer dans toute sa rigueur. Nous aurons ici un prêt de titres, mais ce prêt de titres ne sera, à tout prendre, qu'un prêt d'argent, effectué sous une forme particulière.

C'est tout ce que nous avions à dire des reports.

(1) Paris, *décembre* 1863. *Sir* 64, 2. 21. — Cass. 8 *mars* 1865. *Sir* 65, 1, 27. — Aix 26 *juillet* 71. *Sir* 72. 2. 141.

(2) Duvergier, num. 279. Taulier VI, p. 442 et 443.

(3) Aubry et Rau, 4e édit. t. IV, pag. 608. — Pont, *petits contrats*, t. 1er n° 288. — Troplong, *du prêt*, n° 361.

VIII.

De quelques autres dérogations introduites par l'usage.

Dans certaines régions de la France, les agriculteurs achètent des bœufs pour le travail en mai et les revendent après les semences. Voici alors la convention qui intervient : Le vendeur demande six cents francs payables comptant, le paysan en remet trois cents et s'engage à en payer encore trois cent cinquante quand il aura revendu les bœufs. Il y a là assurément une convention usuraire; les 50 francs qui représentent pour le vendeur un intérêt de 300 francs pour six mois, excèdent de beaucoup le taux de 1807. Cependant la jurisprudence tolère cette pratique, qui est à l'avantage des uns et des autres.

A la halle de Paris il existe des comptoirs de pactes forains dont l'existence même est une violation de la loi. Le prêteur remet au colporteur une pièce de cinq francs pour se procurer des marchandises, qu'il revend dans la journée avec un bénéfice de deux ou trois francs. Le soir il rend la pièce au banquier avec 25 centimes d'intérêt, ce qui fait cinq pour cent par jour, soit le taux fabuleux de 1800 pour cent par an. Le parquet s'était ému de cet usage, des poursuites avaient été commencées, mais elles cessèrent devant les réclamations unanimes des emprunteurs, trop heureux de trouver, même à ce prix, le petit capital nécessaire à l'alimentation de leur commerce.

Nous n'avons pas la prétention d'avoir énoncé toutes les dérogations que certains usages locaux ont apportées dans la pratique, à la loi de 1807; nous avons cité les deux qui précèdent, comme les plus curieux.

CHAPITRE III.

De l'usure.

I.

Des actes qui tombent sous le coup de la loi de 1807.

Nous ne pouvons énoncer ici tous les cas où les dispositions restrictives de la loi de 1807, doivent trouver leur application. Nous nous bornerons à indiquer les plus habituels après avoir formulé la règle qui permettra de discerner tous les autres.

La loi de 1807 s'appliquera, toutes les fois que l'émolument reçu par le prêteur sera supérieur au taux légal ou au droit de commission consacré par les usages du commerce.

Il faudra considérer, par conséquent, comme un bénéfice usuraire tout droit de commission perçu à raison d'un prêt d'une nature purement civile : la jurisprudence l'a ainsi décidé maintes fois (1).

(1) Derniers arrêts : Rennes 21 *mai* 1879. *Sir* 88, 2, 73. — Lyon 26 *août* 1881. *Sir* 88, 2, 168.

Les banquiers ne pourront rien percevoir au-delà des droits de change, d'escompte et de commission que la jurisprudence consacre à leur profit. C'est ainsi qu'ils ne sauraient prendre, nous l'avons vu, un droit de commission transitoire en sus de l'intérêt ordinaire, quand la banque de France n'a pas élevé le taux de son escompte au-dessus de 6 pour cent. C'est ainsi également qu'ils ne peuvent exiger le paiement d'une prime indépendante du droit de commission (1).

Le droit de commission est lui-même subordonné, nous le savons, à l'existence d'un service rendu par le banquier à son client ; mais nous savons aussi que par une interprétation très-large, les tribunaux consacrent ce droit d'une manière universelle. Quant au droit d'escompte, il n'est dû au banquier que tout autant qu'il y a eu négociation d'effets ou paiement anticipé. Il ne serait pas dû dans le cas où un banquier qui a fait une ouverture de crédit, escompterait des billets à ordre directement souscrits à son profit par le crédité. Ici l'escompte de billets à ordre qui ne sont remis au banquier que dans son intérêt ne saurait donner lieu à la perception d'un droit (2).

Nous avons vu plus haut que les calculs d'intérêts qui seraient faits sur la base d'une année fictive de 360 jours enfreindraient aussi la loi de 1807. Cette loi s'oppose aussi à ce que le prêteur retienne lui-même les intérêts sur la somme qu'il remet à l'emprunteur. Cette pratique désignée sous les noms *d'escompte en dehors*, *intérêts pris en dedans*, est une violation manifeste du taux légal. Le prêteur, en retenant les intérêts au moment du prêt en conserve la jouissance *medio tempore*, peut les rendre productifs et se réserve ainsi un bénéfice apprécia-

(1) Cass. 14 *mai* 1852. *Sir* 52, 1, 855.
(2) Cass. 27 *nov*. 1843. *Sir* 44, 1, 87.

ble en argent, qui doit compter dans le calcul du taux légal.

Il faudrait encore soumettre à la répétition, comme constituant un avantage usuraire, les sommes quelconques reçues par le prêteur à l'occasion du prêt, fût-ce même à titre de don. Sans cela le créancier pourrait exiger, comme condition du service qu'il rend à l'emprunteur, que ce dernier se dépouille libéralement en sa faveur d'un bien déterminé. Ce serait un véritable intérêt sous la dénomination de donation. Toute donation intervenue dans ces conditions doit être considérée comme un surplus d'intérêt, et si, jointe à la somme des intérêts stipulés, elle dépasse le taux légal, il faudra la soumettre à réduction. Mais il faut, bien entendu pour cela, qu'il existe une relation entre le prêt et la donation, de telle sorte que celle-ci n'aît été que la condition de celui-là. C'est une question de fait dont les tribunaux conservent l'appréciation.

II.

MOYENS DÉGUISÉS PAR LESQUELS ON S'EST EFFORCÉ D'ÉLUDER LA LOI DE 1807.

Les détours imaginés par l'esprit fécond des casuistes, pour échapper dans l'ancien droit à la prohibition absolue du prêt à intérêt, sont encore ceux qu'emploient les usuriers modernes pour enfreindre les limites du taux légal. Nous indiquerons les principaux.

L'usurier se fait faire un billet de cent francs et n'en compte que quatre-vingt-dix. La scène se passe sans témoins, il sera à peu près impossible de prouver la fraude.

C'est là le moyen le plus simple et en même temps le plus employé parce qu'il est aussi le plus sûr.

La plupart des contrats ont servi à dissimuler l'usure. La vente est un de ceux auxquels les usuriers ont eu le plus souvent recours. Rien n'est plus facile que de masquer un prêt sous une vente. Pierre a besoin d'argent; il va trouver Paul, qui, ne pouvant lui remettre intégralement en numéraire la somme dont il a besoin, lui cède une certaine quantité de marchandises qu'ils estiment; il pousse même souvent la complaisance jusqu'à le mettre en rapport avec un acheteur, auprès duquel il pourra s'en défaire facilement; l'acheteur n'est qu'un compère et Pierre ne retirera pas des marchandises la moitié de la somme pour laquelle elles lui sont comptées; il devra cependant s'acquitter intégralement au jour de l'échéance. La loi est tournée! Sous les apparences d'une vente, c'est un prêt usuraire qui vient d'avoir lieu.

Ce procédé, indiqué déjà par Molière (1), se renouvelle encore de nos jours. En 1876 le tribunal de Bordeaux a condamné à six mois de prison et à 25.000 fr. d'amende un cordonnier qui avait extorqué à ses clients des sommes considérables en leur vendant avec terme pour le paiement, de grandes quantités de chaussures dont ils n'avaient que faire; mais par la revente desquelles ils pouvaient se procurer de l'argent. Il en avait ainsi vendu à l'un pour 4.000 fr., à un autre pour 45.000, à un autre pour 33.000 fr., à un quatrième pour 375.000 fr. Il est clair que quand la vente se présente avec ces caractères, elle n'est plus qu'un prêt simulé, qui ne doit pas échapper à la vigilance de la loi; mais il ne faudrait pas croire que toute vente consentie à des conditions onéreuses pour l'acheteur dissimule un prêt usuraire; ce serait

(1) Molière. *L'Avare*, acte II, sc. Ire.

11

dépasser le but que la loi s'est proposé. Quand j'achète inconsidérément, à un prix excessif, une marchandise dont j'ai besoin et quand je n'ai pas eu la pensée de convertir cette marchandise en argent pour me procurer des ressources immédiates, je dois supporter les conséquences de l'opération; il y a bien ici effectivement une vente, et la vente n'est jamais rescindable pour lésion de l'acheteur.

C'est encore la vente qui sert de manteau à l'usure dans l'opération désignée par les canonistes sous le nom de *Mohatra*, dont les Jésuites préconisaient l'usage au dire de Pascal. Nous en avons déjà parlé. Il nous suffira de rappeler, que c'est la combinaison de la vente au comptant et de la vente à terme. Pierre vend à Paul une certaine quantité de marchandises, à un prix déterminé payable comptant; Paul revend à Pierre les mêmes marchandises à un prix supérieur avec un délai pour le paiement; Pierre l'emprunteur ne se dessaisit pas de ses marchandises, qui ne figurent dans le contrat que pour la forme; il reçoit 500 francs par exemple et s'engage dans un délai d'un an à en rendre 600. Il ne fait en réalité qu'emprunter 500 francs au taux de 20 pour cent. Cette fraude est grossière, on s'explique difficilement qu'elle ait pu un seul instant résister à l'examen.

Un détour plus habile est celui que fournit la vente à réméré. C'est bien comme disait Dumoulin : « *Via aperta ad illicitum fœnus exercendum.* » Aussi certaines législations, celle de Genève notamment, l'ont interdite. La loi française la tolère, mais la voit avec malveillance et l'entoure de précautions minutieuses. Il est facile de concevoir comment ce contrat peut couvrir un prêt à intérêt. Pierre a besoin d'argent, il va trouver Paul; mais Paul est un usurier et il faut compter avec la loi de 1807. Paul dira à Pierre : vous avez un domaine qui vaut 800 francs, vendez-le moi pour 600 et nous insérerons dans la convention une clause qui vous autorisera à le racheter à 800, quand il vous plaira. C'est une convention usuraire : la somme de 200 francs, différence entre le prix de vente et le prix de rachat, est destinée à représenter les intérêts de la somme prêtée. Ces intérêts, si le réméré a été restreint à un délai d'un an, seront du 33 pour cent. Mais tout est une question de mesure, et si l'écart, au lieu d'être aussi considérable, n'excédait pas de beaucoup le taux de 1807, les juges pourraient légitimement admettre la sincérité du contrat et refuser de réduire le prix du réméré. La fraude, partout où elle se trouve, doit être réprimée, mais le législateur a pensé que la preuve de la fraude était souvent bien difficile et qu'il valait beaucoup mieux la prévenir. C'est dans ce but qu'il a limité à cinq ans l'exercice de l'action en réméré. (Art. 1660).

La vente à réméré peut aussi dissimuler l'usure par sa combinaison avec le bail. C'est cette combinaison que la langue juridique nomme contrat pignoratif. Pierre l'emprunteur vend un immeuble à Paul moyennant un prix déterminé et se réserve la faculté d'exercer le réméré au même prix ; jusqu'ici rien que de très-correct. Mais Paul donne à bail à Pierre l'immeuble que celui-ci vient de lui vendre et fixe le prix des loyers à 15 pour cent du prix convenu. Qu'est-ce que cette opération ? un prêt sur gage immobilier, sous le couvert d'une vente et d'un bail. Pierre est l'emprunteur, Paul est le prêteur, l'immeuble vendu c'est le gage ; le prix de ferme c'est l'intérêt. Si cet intérêt est supérieur au taux légal, les tribunaux doivent l'y ramener.

La vente nous amène à examiner la cession de créance qui n'est elle aussi qu'une vente particulière. La cession de créance peut-elle servir de masque à l'usure ? incontestablement.

Quand il en est ainsi, la justice peut-elle toujours déjouer la fraude? difficilement. Voici pourquoi :

Pierre a contre Jacques une créance nominale de 6.000 fr. payables dans deux ans ; il la vend à Paul pour une somme de 4.000. Cette convention en elle-même est parfaitement valable ; tant vaut le créancier, tant vaut la créance, c'est aux parties qu'il appartient d'apprécier le solvabilité de Jacques *le cédé*. Cependant si Jacques est solvable, si la créance est accompagnée de garanties, qui en assurent le recouvrement intégral, Paul fera sur l'opération un bénéfice illicite ; pour 4.000 fr. qu'il livre à Pierre il recouvrera dans deux ans 6.000 fr., soit 1.000 fr. par année en sus du prix, soit un intérêt de 33 pour cent.

Il peut y avoir là, d'après les circonstances, une convention usuraire. Mais dans notre droit, *le cédant* ne garantit pas au *cessionnaire* la solvabilité *du cédé*, il garantit seulement l'existence de la créance; aussi se produit-il le plus souvent entre les parties un accord plus ou moins aléatoire, qui doit échapper au contrôle de la justice. Cependant les tribunaux auront un pouvoir d'appréciation souverain, et si le recouvrement de la créance était, au moment de la cession, d'hores et déjà assuré, soit par des sûretés spéciales, soit par la garantie de la solvabilité du cédé fournie par le cédant, ils ne devraient pas hésiter à réduire le prix de cession au chiffre que la loi de 1807 ne permettait pas de dépasser.

Le contrat qui a le plus d'analogie avec la vente est l'échange. Il sert souvent comme elle à éluder la loi. M. Troplong cite une espèce assez curieuse qu'il emprunte à un arrêt de la cour de Colmar. Un usurier achetait de petits héritages, et quand on venait lui emprunter, il les échangeait contre d'autres immeubles de même valeur en ayant soin de stipuler une soulte considérable; il était ainsi créancier non d'un prix de vente mais d'une soulte d'échange. Inutile de dire que cette opération dissimulait un prêt usuraire (1).

Que penser de l'antichrèse ?

Nous avons vu que chez les Romains le contrat d'antichrèse échappait à la limitation du taux de l'intérêt ; au moyen âge, au contraire, il fut considéré comme un moyen indirect de rendre l'argent productif et fut rigoureusement interdit. La jurisprudence moderne a pris le milieu entre ces deux extrêmes. L'antichrèse ne doit pas être soumis d'une manière absolue à la règlementation de la loi de 1807 ; cela, parce que les productions du sol ont toujours un caractère aléatoire qu'il faut laisser aux contractants le soin d'apprécier. Cependant s'il y avait entre l'intérêt de la dette et le revenu de l'immeuble remis en antichrèse une disproportion telle, que l'intention de frauder la loi apparût manifeste , les tribunaux devraient annuler le contrat pour l'avenir et décider que pour le passé l'antichrésiste devra imputer sur les intérêts calculés au taux légal d'abord, sur le capital ensuite, la valeur des fruits qu'il a perçus depuis la convention.

Les prêts de denrées ne sont pas limités dans notre droit; c'est du moins l'opinion admise presque universellement et avec raison, car la loi de 1807, seul texte restrictif de la liberté du taux, se réfère exclusivement aux prêts d'argent. Ceci admis, peut-on stipuler d'un emprunteur qu'il vous servira les intérêts de la somme prêtée en un certain nombre de mesures de blé, de seigle ou d'avoine, et les intérêts ainsi déterminés ne pourront-ils jamais être réduits ?

Lors de la découverte du Nouveau-Monde, les prêteurs avisés, prévoyant l'abaissement du prix de l'argent eurent

(1) Troplong. *Du prêt*, n° 392 ; Colmar, 25 *mai* 1825, D. 25, 2, 173.

la précaution de se faire constituer des rentes en grains. Ce qu'ils avaient pressenti arriva ; par suite de la dépréciation du numéraire, la valeur nominale de toutes les marchandises augmenta, et ils parvinrent ainsi à conserver à leurs capitaux la même valeur qu'autrefois. Une rente constituée au moyen d'un capital déterminé produisait en nature un revenu bien supérieur au taux légal. Pour faire cesser cette anomalie, Charles IX réduisit à prix d'argent et au denier 12 toutes les rentes en blé (1). Pourrait-on aujourd'hui s'appuyer sur son ordonnance pour convertir les intérêts en blé en intérêts en argent et les réduire au taux maximum de 5 %? c'est ce qu'a décidé la Cour de Paris (2).

Cette solution n'est pas admissible ; la matière du prêt a été réglementée à nouveau par le Code et la loi de 1807 ; c'est là, et là seulement, qu'il faut chercher les dispositions applicables à toutes les hypothèses ; quant à l'ordonnance citée plus haut elle a été abrogée comme toutes les autres par l'article 7 de la loi du 30 ventôse an XII, qui a promulgué le Code civil. Il n'y aura jamais lieu pour le juge de convertir en argent les intérêts payables en blé ; ils pourront seulement si les parties ont voulu frauder la loi, réduire le quantum de ces intérêts, en se servant des mercuriales comme base de calcul, tout en tenant compte des variations, qui peuvent d'un moment à l'autre modifier le prix des denrées.

L'usure se cache encore quelquefois sous l'apparence d'un louage de services. Le prêteur est censé avoir loué ses services à l'emprunteur et lui réclamer de ce chef la portion d'intérêts que la loi lui refuserait dans le prêt.

Enfin, on peut dissimuler un prêt usuraire sous la forme

(1) 1er novembre 1566.

(2) Paris, 2 mai 1807. Dal. 24, 2, 7.

d'un contrat de société. Ici le critérium de la régularité de l'opération est bien facile à reconnaître. Le bailleur de fonds reçoit-il un bénéfice proportionnel et éventuel ? il y a société ; reçoit-il un émolument fixé à forfait et payable quel que soit le résultat des opérations ? il y a prêt. C'est la société qui donnait autrefois naissance à la fraude des trois contrats, que nous avons fait connaître et sur laquelle nous ne reviendrons pas, car personne ne songe aujourd'hui à y avoir recours.

Nous n'avons pas énoncé tous les déguisements que l'usure peut prendre. Nous avons fait connaître ceux que des décisions judiciaires ont pu atteindre, c'est-à-dire les plus faciles à découvrir ; mais les ressources de l'esprit d'usure sont inépuisables, les habiles profitent de la loi qu'ils tournent, et s'en font un monopole au détriment des timides, qui ont encore conservé pour elle une certaine déférence.

III.

LA CLAUSE D'ANATOCISME EST-ELLE UNE CONVENTION USURAIRE ?

Cette question, que nous résoudrons négativement avec la jurisprudence, est de celles qui ont soulevé les plus ardentes controverses.

Il s'agit d'interpréter l'article 1154 du Code civil.

Cet article dont les termes servent de base à toute la discussion est conçu ainsi : « *Les intérêts échus des capitaux peuvent produire des intérêts, ou par une demande judiciaire ou par une convention spéciale, pourvu que soit dans la demande soit dans la convention, il s'agisse d'intérêts dus au moins pour une année entière.* »

Quelle est la portée indiscutable de cet article? la voici : le législateur a voulu prohiber ce qu'on a justement nommé la capitalisation à la petite semaine. Les intérêts dans notre législation ne sont pas dus de plein droit ; une demande en justice ou une convention spéciale sont nécessaires pour les faire courir (1153) ; le législateur a voulu qu'il en fût de même de l'intérêt des intérêts ; mais il a voulu en même temps que cette convention ou cette demande ne pût porter que sur les intérêts d'une année. L'usurier sans cela exigerait que les intérêts se capitalisent tous les mois, toutes les semaines, tous les jours; et arriverait ainsi presque à l'insu du débiteur, à augmenter la dette dans des proportions considérables. Voilà le sens qui se présente naturellement à l'esprit, quand on lit le texte de l'article 1154 sans idée préconçue.

Ce sens est juste, personne ne le conteste, mais la majorité des auteurs veut trouver au texte une portée plus étendue : elle y voit la prohibition de l'anatocisme. Nous avons dit ailleurs ce qu'était l'anatocisme, nous n'avons plus ici à y revenir. Ces auteurs remarquent que le Code énonce sur la même ligne comme pouvant faire produire intérêt aux intérêts, la demande en justice et la convention spéciale. Si le législateur juxtapose ainsi ces deux expressions, c'est, disent-ils, qu'il a voulu confondre dans leurs effets les deux idées qu'elles expriment. Or, il est de toute évidence que la demande judiciaire destinée à faire courir les intérêts des intérêts, ne peut porter que sur des intérêts *échus ;* sans cela elle n'aurait pas pu se former ; il faut que les intérêts soient *dus* pour qu'on puisse les réclamer et ils ne sont dus qu'à l'expiration d'une année. La convention spéciale, que la loi assimile à la demande en justice, ne doit, elle aussi, pouvoir rendre productifs d'intérêts, que les intérêts *échus*, les intérêts *dus*. Ce sont précisément les expressions dont le texte se sert, et qu'il répète comme à plaisir. Quels sont les intérêts qui peuvent produire intérêt par une convention spéciale ? Le texte nous répond : ce sont les intérêts *échus* ; et à quelle condition ? Le texte nous dit encore : pourvu qu'il s'agisse d'intérêts *dus* pour une année entière. Il n'est pas question dans l'article d'intérêts *à échoir*, d'intérêts à venir, mais d'intérêts *échus*, d'intérêts *dus*. Si la loi a employé le passé c'est qu'elle a voulu montrer par là, que la convention comme la demande en justice pour rendre les intérêts productifs ne peut intervenir efficacement qu'après l'échéance, après la formation de la dette (1).

L'art. 1154, malgré l'interprétation ingénieuse qu'on lui donne ne nous semble pas consacrer la prohibition absolue de l'anatocisme dans le droit français (2).

Remarquons d'abord qu'il ne s'agit rien moins que de faire admettre la nullité d'une clause librement convenue entre les parties. Il s'agit de sortir du droit commun énoncé par l'article 1134, de restreindre la liberté des conventions; on ne saurait entrer dans cette voie sans un texte clair, précis, catégorique, ne laissant subsister aucun doute dans l'esprit. Ce texte-là n'est certainement pas l'article 1154. Soit que l'on interroge les termes de cet article, soit qu'on fasse parler les précédents historiques, soit qu'on s'entoure des lumières des travaux préparatoires, il est impossible d'arriver à cette conviction, que le législateur ait voulu, dans l'article 1154, apporter une dérogation au droit commun. Disons-le de suite, il faut s'en féliciter,

(1) Marcadé, *sur l'art.* 1154, n° 2 et 3. — Colmet de Santerre, v. 71, III, — Demolombe, XXIV, 655.

(2) Delvincourt, II, p. 536-537. — Toullier, III, n° 271. — Duranton, X, n° 499. — Aubry et Rau, IV, p. 110. — Larombière, I, article 1154, n° 6.

car la prohibition de l'anatocisme va directement contre l'intérêt des parties et contre l'utilité commune. Au point de vue économique, elle ne se soutient pas.

Le texte de l'article 1154 ne contient aucune trace de la défense qu'on veut en faire sortir ; sa rédaction est énonciative et non prohibitive, ce n'est pas dans cette forme qu'un texte édicte une nullité. L'article se borne à indiquer au créancier la faculté que la loi met à son service pour rendre ses intérêts productifs, à condition qu'il s'agisse d'intérêt d'une année. On ne peut tirer de là qu'un argument *a contrario*, et un argument *a contrario* n'est efficace que s'il ramène au droit commun. C'est le contraire dans notre texte.

L'article met, il est vrai, sur la même ligne la demande judiciaire et la convention spéciale, mais l'une et l'autre doivent chacune produire les effets qui sont de sa nature propre ; la demande en justice ne pourra intervenir qu'après l'échéance des intérêts, parce qu'on ne peut pas réclamer aux tribunaux l'exécution d'un droit non encore existant ; la convention au contraire qui crée l'obligation d'intérêts peut très légitimement l'affecter de telle ou telle modalité.

Quant aux expressions, *intérêts échus, intérêts dus*, elles n'ont aucune importance. Quand le texte dit : « les intérêts échus produisent eux-mêmes intérêts, » il énonce une vérité banale, à savoir que les intérêts ne pourront produire eux-mêmes intérêts qu'après être échus ; cela est évident, mais cela ne prouve pas que la convention de capitalisation ne puisse pas avoir lieu dès avant l'échéance, quand bien même sa réalisation ne peut intervenir qu'après, un instant de raison tout au moins. On dira : dans ce cas le mot *échus* est inutile. Soit ; mais si pour toutes les redondances qu'on rencontre dans le Code, il fallait créer un système, la tâche des commentateurs ne ferait que commencer. Quant au mot *dus* qui se trouve à la fin de l'article, il n'est là que pour la correction de la phrase ; supprimez-le, le sens ne sera pas modifié. Si le législateur avait dit : « pourvu qu'il s'agisse des intérêts d'une année entière, » l'équivoque ne serait pas possible ; il nous parle d'intérêts dus au moins pour une année entière, il doit en être de même. Il ne faut pas scinder la phrase en deux propositions et séparer le mot *dus* de ceux qui le suivent, puisque le texte ne porte ni virgule ni conjonction ; ce que le législateur a entendu défendre, c'est la capitalisation d'intérêts dus pour moins d'une année. Si différente avait été sa pensée, il n'aurait eu qu'à intercaler la conjonction *et*, dans l'article 1154, pour le rendre complètement intelligible ; il n'aurait eu qu'à dire : « pourvu qu'il s'agisse d'intérêts dus, et pour une année entière. » S'il ne l'a pas fait c'est qu'il n'a pas eu le mobile qu'on lui prête.

Quelques auteurs ont objecté que l'article 1154 interprété comme nous l'avons fait, n'aurait aucun sens. M. Duranton fait observer justement, que le but de l'article est de prohiber la capitalisation à la petite semaine et que si on ne veut pas reconnaître ce sens là, il faut avouer que l'article se borne à énoncer cette vérité banale, que celui qui pourrait toucher ses intérêts a le droit de les laisser à son débiteur, en convenant avec lui qu'ils deviendront eux-mêmes productifs.

On le voit, la prohibition de l'anatocisme ne trouve pas dans ce texte une justification suffisante ; on a cherché à la fortifier par des considérations historiques qui, nous l'allons voir, n'apportent aucun éclaircissement dans le débat.

Le droit romain n'a rien à faire ici ; les raisons qui firent prohiber l'anatocisme à Rome avaient un caractère politique et social qui exclue tout rapprochement avec notre époque. Les débiteurs y étaient l'objet d'une protection excessive, qui le plus souvent se retournait contre eux, mais que justifiait dans une certaine mesure la condition juridique dans laquelle ils étaient placés. On se rappelle qu'un texte d'Ulpien autorisa la capitalisation d'intérêts échus, par une simple stipulation ; c'est cette disposition que l'art. 1154 aurait voulu reproduire ; mais ce n'est vraiment pas un argument sérieux. Si Ulpien a cru nécessaire d'énoncer la faculté pour le créancier de capitaliser ainsi les intérêts échus, c'est qu'il rompait par là avec le vieux droit civil qui exigeait alors une *datio* proprement dite pour la formation du *mutuum*. De tout temps à Rome il dut être permis au prêteur de retirer l'intérêt de son argent et de placer le nouveau capital ainsi obtenu entre les mains du premier débiteur ; il y avait alors un nouveau *mutuum* et une nouvelle *datio*. Ulpien a simplifié l'opération, en permettant la capitalisation par une simple stipulation. Mais ce qu'Ulpien était obligé d'énoncer de son temps, ne serait aujourd'hui qu'une naïveté, et c'est faire injure à la loi, de la lui prêter gratuitement.

Dans l'ancien droit, l'anatocisme n'avait pas à être interdit ; le prêt à intérêt lui-même l'était et la prohibition de l'un rendait superflue celle de l'autre.

La révolution arriva. Qu'elle ait établi ou non la liberté du taux, peu importe ; toujours est-il qu'elle n'a visé nulle part l'anatocisme. Mais ceux qui admettent, et ils sont nombreux, que le taux de l'intérêt est demeuré libre dans le droit intermédiaire, expliqueraient difficilement que le législateur ait pu, tout à la fois, autoriser des prêts à cinquante pour cent et prohiber la capitalisation des intérêts.

Les travaux préparatoires ne jettent sur la controverse d'autre lumière que celle qui se dégage de leur silence. Si le code avait voulu prohiber la convention d'anatocisme, il en serait resté quelques traces dans l'exposé des motifs et dans la discussion. Que penser d'une prohibition que le législateur aurait édictée sans le savoir?

Concluons : la convention de capitalisation antérieure à l'échéance des intérêts est licite. La jurisprudence a consacré, avec beaucoup de raison selon nous, cette doctrine (1).

Ce que la loi ne permet pas c'est la capitalisation des intérêts qui courent depuis moins d'un an ; mais si les intérêts sont dus pour une ou plusieurs années complètes et pour une certaine fraction en sus, on pourrait très valablement calculer les intérêts de tout le temps écoulé et en stipuler la capitalisation (2). Si nous traitions ici la matière des intérêts en général, nous aurions à faire remarquer que l'art. 1154 ne s'applique pas aux fermages, loyers, arrérages de rentes qui peuvent se capitaliser dès leur échéance, quels qu'en soient les termes ; mais nous ne nous occupons que du prêt d'argent proprement dit.

Les règles posées dans l'article 1154 ne s'appliquent pas en matière de compte-courant. Dans le compte-courant, les intérêts sont dus de plein droit en l'absence de toute stipulation (3); mais ce qui est plus fort, c'est qu'ils se capitalisent aussi de plein droit, et s'il s'agit de comptes-courants commerciaux, la capitalisation ne s'opère pas tous les ans comme il faudrait le décider d'après l'art. 1154, mais tous les trois mois (4). La jurisprudence décide même qu'un compte-courant ouvert le 5 décembre peut être régulièrement et suivant l'usage de la banque arrêté en fin d'année

(1) Cass. 11 *décembre* 1844, *Sir.* 45, 1. 97. — 10 *août* 1859. *Sir.* 60, 1. 456. — Dijon 28 *avril* 1866, *Sir.* 66, 2. 347. — Nancy 10 *avril* 1878, *Sir.* 79, 2. 132. — Voyez pourtant Nancy, 16 *décembre* 1880, *Sir,* 81. 2. 135.

(2) Cass. 17 *mai* 1865. *Sir.* 65. 1. 250.

(3) Cass. 12 *juin* 1876. *Sir.* 76. 1. 374.

(4) Cass. 8 *octobre* 1871. *Sir.* 72. 1. 150. — Bourges 15 *mai* 1873. *Sir.* 74. 2. 108.

le 31 du même mois et que la capitalisation des intérêts à cette date, opérée proportionnellement au temps écoulé au taux de commerce, ne constitue pas une perception illicite (1). Cette matière est réglée par l'usage qui dans le commerce fait loi, elle n'est point pour cela laissée à l'arbitraire des parties. Une convention par laquelle un banquier conviendrait avec son client que la capitalisation des intérêts s'opèrerait tous les mois serait nulle comme entachée d'usure (2). Ces règles sont spéciales aux comptes-courants commerciaux proprement dits ; c'est-à-dire intervenus entre deux commerçants faisant réciproquement l'un pour l'autre diverses opérations.

Quand un banquier effectue des versements et des encaissements pour un non commerçant, qui ne fait lui-même pour son compte aucune opération de même nature, il n'y a pas compte-courant réciproque, mais il peut y avoir compte-courant simple. L'existence de ce compte-courant justifie la capitalisation des intérêts des avances inscrites au débit de ce compte, au profit du banquier, en l'absence de toute autre convention ; le banquier peut même d'après la jurisprudence prendre un droit de commission pour le report du solde, chaque fois que le compte est arrêté; mais ici l'art. 1154 doit s'appliquer, en ce sens que les règlements ne pourront plus être trimestriels mais annuels; la perception du droit de commission aussi bien que la capitalisation des intérêts ne pourront s'effectuer que pour une année au moins (3) Les mêmes observations sont applicables au compte-courant établi entre deux non commerçants (4).

(1) Dijon 5 *juillet* 1880, *Sir.* 12. 2. 203.
(2) Rennes 13 *mars* 1873, *Sir.* 79. 2. 257.
(3) Orléans 17 *février* 1881, *Sir.* 82. 2. 245.
(4) Cass. 7 *février* 1881, *Sir.* 82. 1. 253.

En dehors des exceptions formulées pour les comptes-courants, toute perception d'intérêts des intérêts sans convention spéciale, toute capitalisation d'intérêts dus pour moins d'une année même avec une convention, sont des opérations usuraires entachées de nullité.

CHAPITRE IV.

Sanction civile et caractère de la limitation.

I

SANCTION CIVILE.

L'usure, nous l'avons dit, peut se manifester à découvert, ou se dissimuler sous des déguisements qu'il appartient aux juges de faire tomber. Il n'y a pas à distinguer entre ces deux hypothèses au point de vue de la sanction civile de l'usure.

Les conventions pour lesquelles les prêteurs dissimulent la fraude ne sont point nulles ; elles sont valables et produisent leurs effets en tant qu'ils ne sont pas contraires à la loi de 1807. Ainsi une vente apparente qui couvrira une *empignoration* ne sera pas nulle ; on en réduira le prix, mais l'acte lui-même subsistera tant vis à vis des parties que vis à vis des tiers. Au fond il n'y aura dans cette convention qu'un prêt garanti par une sorte de nantissement ou droit de rétention. Les mêmes observations trouveront leur place à propos d'un échange, d'une antichrèse ou de tout autre contrat.

Mais apparents ou dissimulés les profits usuraires ne demeurent pas aux mains du prêteur. Le débiteur qui ne les a pas payés peut toujours s'y refuser ; il peut suivant les cas les imputer sur le capital, ou se les faire restituer quand il a exécuté la convention.

L'art. 3 de la loi du 3 septembre 1807 disait : « lorsqu'il sera prouvé que le prêt conventionnel a été fait à un taux excédant celui qui est fixé par l'art. 1er, le prêteur sera condamné par le tribunal saisi de la contestation, à restituer cet excédant s'il l'a reçu ou à souffrir la réduction sur le capital de la créance. » Les termes ambigus de cet article avaient fait naître la question suivante : l'imputation des intérêts usuraires sur le capital s'opérait-elle de plein droit? Ou bien devait-elle être demandée en justice et prononcée par le juge ? Par suite le débiteur qui avait acquitté indument les intérêts excessifs devait-il en recevoir l'intérêt du jour où il s'en est dessaisi ?

Deux opinions contradictoires existaient ; la controverse est tranchée; aujourd'hui il serait oiseux de prendre parti pour l'une ou pour l'autre, et surtout d'en formuler les arguments. Disons seulement que la Cour de cassation s'était prononcée pour la solution la moins rigoureuse (1). L'imputation devait être prononcée par le jugement, sans tenir compte des intérêts que l'usurier aurait pu devoir pour la jouissance illégale de la somme imputée.

Cette jurisprudence a été mise à néant par la loi du 19 décembre 1850. L'article 1er de cette loi dispose : « Lorsque,

(1) Cass., 9 *nov.* 1836. *Sir.*, 36, 1, 803. — 16 *janv.* 1837. *Sir.*, 37, 1, 234. 21 *juin* 1841 ; *Sir.*, 42, 1, 763.

dans une instance civile ou commerciale, il sera prouvé que le prêt conventionnel a été fait à un taux supérieur à celui fixé par la loi, les perceptions excessives seront imputées de plein droit, aux époques où elles auront eu lieu, sur les intérêts légaux alors échus, et subsidiairement sur le capital de la créance. — Si la créance est éteinte en capital et intérêts, le prêteur sera condamné à la restitution des sommes indûment payées, avec intérêt du jour où elles lui auront été payées. » Ces dispositions se passent de commentaire. Les intérêts usuraires ne peuvent être réclamés; ils s'imputent de plein droit sur les intérêts dus au moment du payement, puis sur le capital, et si la dette est éteinte, ils doivent être restitués eux-mêmes avec intérêt.

A côté de cette sanction civile, il y a une sanction pénale qui atteint l'usure habituelle (1); mais ceci est du domaine du droit criminel, et nous n'avons pas à en parler.

(1) Loi des 15 juin, 1er juillet, 19-27 décembre 1850.

Art. 2. — Le délit d'habitude d'usure sera puni d'une amende qui pourra s'élever à la moitié des capitaux prêtés à usure, et d'un emprisonnement de six jours à six mois.

Art. 3. — En cas de nouveau délit d'usure, le coupable sera condamné au maximum des peines prononcées par l'article précédent et elles pourront être élevées jusqu'au double, sans préjudice des cas généraux de récidive prévus par les articles 57 et 58 du Code pénal. — Après une première condamnation par habitude d'usure, le nouveau délit résultera d'un fait postérieur, même unique, s'il est accompli dans les cinq ans à partir du jugement ou de l'arrêt de condamnation.

Art. 4. — S'il y a eu escroquerie de la part du prêteur, il sera passible des peines prononcées par l'article 405 du Code pénal, sauf l'amende qui demeurera réglée par l'article 2 de la présente loi.

Art. 5. — Dans tous les cas, et suivant la gravité des circonstances, les tribunaux pourront ordonner, aux frais du délinquant, l'affiche du jugement et son insertion par extrait dans un ou plusieurs journaux du département.

Art. 6. — Ils pourront également appliquer, dans tous les cas, l'article 463 du Code pénal.

II.

CARACTÈRE DES DISPOSITIONS RESTRICTIVES DU TAUX DE L'INTÉRÊT.

Est-il besoin de répéter que les dispositions restrictives du taux de l'intérêt ont un caractère d'ordre public ; il en résulte qu'aucune confirmation expresse ou tacite, aucune ratification, aucun engagement nouveau ne peuvent empêcher le créancier de se prévaloir de ces dispositions. La jurisprudence a eu maintes fois l'occasion de le décider, en matière de comptes-courants. Des banquiers prétendaient que l'acceptation des comptes trimestriels par leurs clients, constituait une fin de non recevoir à toute demande postérieure en redressement général des comptes. Cette prétention a été justement condamnée. On a décidé que la demande en redressement, fondée sur la perception d'intérêts usuraires, pourrait s'exercer, même dans le cas où les comptes auraient été réglés par une convention spéciale des parties (1).

De ce que la limitation du taux de l'intérêt a un caractère d'ordre public, il résulte encore que la preuve testimoniale est toujours admise pour la constatation de l'usure. On ne peut pas raisonnablement supposer que la loi ait voulu enfermer le débiteur dans les entraves de la preuve écrite. Pour l'usure, c'eût été l'impunité. Il est de principe,

(1) Caen, 5 *juillet* 1872 ; *Sir.*, sous cass., 74, 1, 57. — Limoges, 22 *juillet* 1873 ; *Sir.*, 73, 2, 180. — Angers, 5 *fév.* 1874 ; *Sir.*, sous cass., 76, 1, 69. — Rennes, 13 *mars* 1876 ; *Sir.*, 75, 2, 257.

d'ailleurs, que la preuve par témoins et même par simples présomptions, peut suffire à déterminer la conviction du juge, en matière de fraude et de dol (1553). C'est bien ici le cas d'appliquer ces principes.

On pourra donc prouver par témoins ou par des présomptions graves, précises et concordantes, que tel acte qui se pare du nom et des apparences d'une vente, d'un échange, d'une cession de créance, d'une société, d'une obligation, etc., n'est, en réalité, qu'un prêt usuraire (1). On pourra, par les mêmes moyens, attaquer la sincérité de tout acte authentique ou sous seing-privé, tendant à établir que le créancier n'a rien reçu de plus que l'intérêt légal. Mais il ne faut pas, pour cela, perdre de vue l'autorité que la loi donne aux actes authentiques. On ne peut pas avoir recours à la preuve testimoniale et aux présomptions, si ce n'est par la voie de l'inscription de faux, quand on conteste un fait énoncé et constaté par l'officier public. Donnons un exemple : Paul a prêté à Pierre une somme de cent mille francs, au 10 0/0. A la fin de la première année, il se fait remettre par Pierre la moitié des intérêts, soit cinq mille francs; il conduit ensuite Pierre chez un notaire, et se fait compter le reste; le notaire délivre une quittance de cinq mille francs, soit des intérêts légaux; Pierre pourra demander à prouver par témoins, que, hors de la présence du notaire, il avait déjà compté cinq mille francs; mais il serait obligé de s'inscrire en faux, s'il voulait établir qu'il a payé en présence du notaire 10,000 fr., alors que la quittance ne porte que cinq mille. Sous la réserve de cette observation, nous pouvons conclure que le débiteur peut invoquer tous les moyens pour recouvrer les intérêts qu'il a illégalement payés; il peut poursuivre ce re-

(1) Cass., 27 *juillet* 1874, *Sir*. 75, 1, 15.

couvrement tant que son action en répétition n'est pas prescrite, tant que le jugement qui le condamne à payer n'a pas acquis l'autorité de la chose jugée.

Quelle est la durée de cette action en répétition, par combien d'années se prescrira-t-elle ? Certains auteurs (1) ont soutenu qu'il fallait répondre par une distinction. Pour eux, si le prêt n'est pas dissimulé sous un autre contrat, l'action de l'emprunteur ne sera prescriptible que par 30 ans ; si, au contraire, le prêt se cache sous la forme d'une vente, d'une société ou de tout autre contrat, l'action civile ne pourra utilement s'exercer que pendant 10 ans ; car, disent-ils, toutes les actions en rescision se prescrivent par 10 ans, article 1304.

Nous ne pouvons accepter ce système, et c'est le caractère d'ordre public que la loi attache à la répression de l'usure, qui nous amène à le condamner. L'article 1304 fixe, il est vrai, à dix ans l'exercice de l'action en nullité ou en rescision des conventions ; mais quand l'usure se dissimule sous les apparences d'une convention quelconque, ce n'est pas la convention qui est nulle, mais seulement la clause usuraire. Il s'agit alors d'une nullité d'ordre public, prononcée par la loi elle-même, et que l'accord des parties ne peut jamais couvrir. Cette nullité n'est pas celle qu'a prévue l'article 1304, et la prescription trentenaire peut seule empêcher l'emprunteur de s'en prévaloir.

Il n'y a donc aucune distinction à faire ; tout acte, toute clause tendant à consacrer ouvertement, ou à dissimuler une infraction à la loi de 1807, pourra être attaqué pendant trente ans.

La prescription court, pour chacun des payements, du jour où il a été effectué, et non du jour de la libération

(1) Chardon, n° 84.

définitive, comme on a essayé de le soutenir (1). « Quelque défaveur que mérite l'usure, il ne faut pas exagérer les sévérités de la loi (2). »

Tel est, à grands traits, l'état actuel de la législation sur le taux de l'intérêt ; cette législation est-elle bonne ? Ne heurte-t-elle en rien les règles de la morale ? Donne-t-elle à la liberté des contractants une part suffisante ? Ne faudrait-il pas lui substituer la liberté complète ? En d'autres termes, que faut-il penser de la prohibition, de la limitation et de la liberté de l'intérêt, au point de vue philosophique, économique et législatif ? Ce sont autant de questions qu'il nous reste à examiner dans la troisième partie de cette étude.

(1) Chardon, n° 530.

(2) Troplong, *Du prêt*, n° 402.

ÉTUDES PHILOSOPHIQUES

ÉCONOMIQUES ET LÉGISLATIVES

CHAPITRE Ier.

Légitimité du prêt à intérêt.

I.

EVOLUTION DES IDÉES SUR CETTE QUESTION.

Il existe des esprits chagrins qui nient l'existence de la vérité morale ; pour eux le bien et le mal ne sont que des conceptions variables de l'intellect humain, et la conscience n'est que l'écho des préjugés du temps, de la race ou du lieu. L'histoire du prêt à intérêt semble justifier ce sophisme. A quelque époque que nous reculions notre examen, nous trouverons toujours l'opinion des sages en contradiction avec les mœurs et les préceptes de la législation positive. Consacré par les lois de la Grèce et de Rome, le prêt à intérêt vit s'élever contre lui tout ce que la philosophie avait de plus illustre, tout ce que l'Eglise avait de plus saint; le législateur, cédant à la pression des idées, le proscrivit, et alors les voix les plus autorisées s'élevèrent pour le défendre et plaidèrent sa cause si bien, qu'après une lutte de dix siècles, il a remporté une victoire décisive. A quoi attribuer ces vicissitudes? à l'exagération de l'esprit humain, qui ne connaît aucune mesure et parcourt sans cesse la distance qui sépare les extrêmes, sans savoir jamais s'arrêter au milieu.

Moïse avait prohibé le prêt à intérêt entre Hébreux ; nous avons vu que des considérations politiques avaient dicté cette disposition ; les philosophes de la Grèce et de Rome, Aristote, Plutarque, Caton, Cicéron, Sénèque (1), émus par les excès dont le prêt à intérêt était le prétexte, s'étaient laissés aller à condamner le contrat lui-même, quand l'abus seul en était répréhensible ; le christianisme survint ; avec lui les condamnations devinrent plus sévères, la lutte plus violente, la résistance plus difficile ; le succès allait rester aux proscripteurs. Rien n'est plus facile à expliquer, que les anathèmes de l'Eglise contre le prêt à intérêt. Le christianisme ne fut pas seulement une religion, mais une philosophie nouvelle ; sa morale et sa doctrine ne sortirent pas de toutes pièces des textes évangéliques ; l'une et l'autre furent complétées et coordonnées par les spéculations des docteurs. Les Pères furent de grands philosophes, ils poussèrent l'esprit de déduction et d'analyse aussi loin que l'esprit humain peut atteindre ; ils créèrent un enseignement supérieur à tout ce qui avait été dit jusqu'à eux; mais ils partirent d'une idée préconçue : édicter partout et toujours des préceptes plus rigoureux, des règles plus austères, élever la morale nouvelle à un niveau qu'aucune autre n'avait atteint ; de là devaient infailliblement résulter des exagérations et des erreurs qui trouvent dans un zèle ardent et emporté leur explication et leur excuse.

Il fallait offrir aux croyants plus que n'avait fait la sagesse antique; les philosophes païens s'étaient élevés contre

(1) Aristote : *Politique*, livr. 1er, chap. 3, § 23. Caton *Offices de Cicéron*, II, 25. — Cicéron *Offic.* I, 42. — Sénèque 7 *Epist.* 10. — Plutarque : *qu'il ne faut pas emprunter à usure*, trad. d'Amyot, t. 14, p. 371.

les débauches qui souillaient les sociétés d'alors; ils avaient essayé de discréditer le prêt à intérêt, dont ils ne voyaient que les abus; les philosophes chrétiens firent de la continence une vertu, et de l'intérêt un crime. La morale de l'Eglise devait-elle rester en dessous de celle de Moïse et d'Aristote !

Partant de cette idée il s'agissait pour les premiers docteurs, de trouver dans l'évangile un texte qui servit à étayer leur théorie; deux mots leur suffirent; deux mots d'où une saine interprétation n'aurait pu tirer aucun argument, mais qui leur furent bons pour une explication de parti pris : « *Mutuum date nihil inde sperantes;* prêtez sans rien espérer en retour (1) ». Ces paroles se trouvent dans saint Luc à la suite de celles-ci : « Aimez vos ennemis, faites du bien à ceux qui vous haïssent, dites du bien de ceux qui parlent mal de vous et priez pour vos calomniateurs ; si quelqu'un vous frappe la joue droite, présentez la gauche; laissez prendre votre veste à celui qui vient de vous enlever votre manteau. Donnez tout ce qu'on vous demande, et ne réclamez pas ce qu'on vous prend. Si vous faites le bien à vos bienfaiteurs, quel mérite avez-vous? les pécheurs aussi aiment ceux qui les aiment ! Si vous prêtez à ceux qui doivent vous rendre, quel mérite avez-vous? Les pécheurs aussi prêtent pour recevoir autant ! Mais vous aimez vos ennemis, donnez et prêtez sans rien espérer en retour ». Voilà le texte ! Il faut se torturer l'esprit pour y découvrir une condamnation du prêt à intérêt ! Il prouve trop ou ne prouve rien ! Est-ce un conseil ou un précepte qu'il formule? telle est toute la question. Un précepte? mais ce n'est plus seulement la défense d'exiger des intérêts qu'il faut y voir, c'est l'obligation pour les prêteurs

(1) Saint Luc, *Evangile*, Ch. 6, v. 34 et 35.

d'abandonner le capital lui-même : *nihil inde sperantes* ; ne leur dit-il pas en effet de ne pas faire comme les pécheurs qui prêtent « *ut recipiant æqualia.* » Ce ne peut être un précepte, et pour s'en convaincre, il suffit de considérer les exhortations qui précèdent : « présenter la joue à celui qui vous frappe, gratifier celui qui vous dépouille, faire le bien à ses ennemis. » Ce sont des conseils de charité et rien de plus, sans quoi il faudrait ouvrir les bagnes, bannir la police et supprimer les juges.

La thèse de l'illégitimité de l'intérêt n'est pas là et si au lieu de compulser Aristote, les Théologiens du moyen âge avaient ouvert l'évangile, ils y auraient lu la parabole des talents, qui renverse la théorie de la stérilité de l'argent imaginée par le philosophe de Stagyre. Jaloux de surpasser la sagesse antique, les disciples ne virent pas qu'ils dépassaient l'enseignement du maître; préoccupés de faire mieux ils arrivèrent à faire pire, et c'est ainsi que dans les sociétés chrétiennes s'accrédita la doctrine de l'illégitimité de l'intérêt, qui allait durant quinze siècles asservir les intelligences et paralyser les nations. Incapable de supporter le contrôle du libre examen, elle n'aurait pu résister longtemps aux critiques, si elle n'eût emprunté à la religion son autorité et son prestige.

Sous ce haut patronage, formulé par les Basile, les Grégoire de Nazianze, les Chrysostome, les Ambroise, les Augustin, les Thomas d'Aquin, elle vit les conciles, les papes, les rois, les parlements s'incliner tour à tour devant elle ; elle trouva des défenseurs dans Pothier, dans Domat, dans Bossuet, et peut-être serait-elle encore debout si l'émancipation des idées, issue du grand mouvement philosophique du XVIIIe siècle, n'en avait à la fin fait justice. C'est à la réforme protestante que revient l'honneur de lui avoir porté les premiers coups; les philosophes et les jurisconsultes poursuivirent timidement l'œuvre commencée; les économistes l'achevèrent et aujourd'hui l'Eglise catholique elle-même éclairée par l'expérience et le progrès, fait taire ses foudres, calme ses docteurs et oublie ses défenses (1). La cause du prêt à intérêt est gagnée.

Nous ne nous étendrons pas sur les prétentions de l'école socialiste qui, reprenant pour elle-même les théories abandonnées par l'Eglise, a voulu contester à son tour la légitimité du prêt à intérêt. Ces attaques qui par-delà le prêt à intérêt atteignent la propriété elle-même ne sont, Dieu merci, pas dangereuses. Le bon sens public en triomphera toujours.

(1) En 1822 sous le pontificat de Pie VII, une demoiselle de Lyon qui avait prêté à intérêt à des négociants de la ville, fut inquiétée par son confesseur. Il voulait l'obliger à restituer les intérêts qu'elle avait reçus et pour l'y contraindre lui refusait l'absolution. La pénitente en appela à Rome. La congrégation du Saint Office répondit qu'il n'y avait pas lieu pour le moment de résoudre la question de la légitimité du prêt ; qu'en attendant, la pénitente pouvait recevoir l'absolution sans restituer, si elle était disposée à se soumettre aux décisions qui pourraient émaner du Saint Siège à cet égard.

En 1830 sous le pontificat de Pie VIII, l'évêque de Rennes interrogea lui-même la congrégation du Saint-Office sur le prêt à intérêt. Les prêtres de son diocèse avaient, au confessionnal, une règle de conduite bien différente; les uns refusaient l'absolution, d'autres ne la donnaient qu'en s'assurant de la disposition des fidèles à reconnaître les décisions ultérieures du Saint Siège; d'autres enfin la donnaient sans condition. L'opinion de ces derniers était, pour beaucoup, un sujet de scandale; l'évêque consulta Rome sur la conduite à tenir et il lui fut répondu que les confesseurs de la dernière opinion ne devaient pas être inquiétés, et qu'il y avait même lieu d'engager les confesseurs plus rigides à suivre leur exemple en attendant que le Saint Siège ait prononcé. (Troplong, préface, page CLXVII et suiv. Il cite encore d'autres exemples).

II.

EXPOSITION ET RÉFUTATION DES OBJECTIONS PROPOSÉES CONTRE LE PRÊT A INTÉRÊT.

Les Pères de l'Eglise, nous l'avons vu, avaient inventé la prohibition du prêt à intérêt pour ne pas rester en retard sur Aristote ; les théologiens, les canonistes et les jurisconsultes orthodoxes l'acceptèrent comme une vérité de foi et s'efforcèrent de la justifier.

L'argument le plus souvent proposé est celui de la stérilité de l'argent. Le blé confié à la terre produit le blé, la brebis nous donne ses agneaux, sa laine et son lait; tout ce qui a vie dans la nature se féconde et se multiplie, mais l'argent est improductif; Dieu n'a pas prononcé pour lui la parole génératrice : « *crescite et multiplicamini.* » Le prêt à intérêt qui tire des produits de la monnaie stérile est une convention contre nature, « la raison ne permet pas de semer sans champ, sans pluie et sans charrue ; ceux qui se livrent à cette agriculture exécrable moissonneront l'ivraie pour le feu éternel (1). » C'est à la terre que l'homme doit réclamer ce qui est utile à ses besoins ; la fourmi et l'abeille ne prêtent ni n'empruntent, leur travail seul les nourrit; l'homme qui travaille se suffit ; celui qui rend son argent productif veut vivre dans l'oisiveté, il se fait rendre douze et n'a donné que dix ; il fait un bénéfice illégitime, il s'approprie le bien d'autrui comme le voleur.

(1) Saint Jean Chrysostome, v, *hom.*, 62, p. 508.

Ce raisonnement est pitoyable, on ne comprend pas qu'il ait pu séduire des esprits sérieux. L'argent est-il réellement improductif? par lui-même : oui ; comme la terre, comme la mer, comme la nature entière ; il cesse de l'être quand le travail de l'homme s'en empare et le féconde. Nous avons vu ailleurs en quels termes Calvin a réfuté cette prétendue stérilité de l'argent. Les raisons qu'il donne sont sans réplique ; les lettres de Jérémie Bentham, parues en 1787, les reproduisent sous une forme peut-être plus saisissante encore : « Une darique est aussi incapable d'engendrer une darique que d'engendrer un bélier ou une brebis. Un homme cependant peut avec une darique empruntée, acheter un bélier et deux brebis, qui, laissés ensemble produiront au bout de l'année plusieurs agneaux. Quand viendra le terme du remboursement, cet homme en vendant son bélier et ses deux brebis pourra rembourser la darique et en donnant en outre un de ses agneaux pour l'intérêt, se trouvera de deux agneaux ou d'un au moins plus riche que s'il n'avait point fait ce marché (1). » Le prêt à intérêt est donc utile à l'emprunteur comme au prêteur, et il n'est pas vrai de dire que l'argent est improductif.

Les théologiens ajoutent : pourquoi le prêteur recevrait-il plus qu'il n'a prêté? L'obligation de l'emprunteur est sans cause pour tout ce qui n'est pas la somme principale ; rien ne légitime la perception des intérêts pour lesquels il n'a reçu aucun équivalent. Qu'est-ce qui pourrait en effet la motiver? l'usage de la somme prêtée? Mais le prêt de consommation rend l'emprunteur propriétaire, la propriété comprend l'usage, le prêteur ne procure donc pas l'usage qu'il n'a plus (2). Il n'y a aucune analogie

(1) Caillemer, *Des intérêts*, p. 12.

(2) Saint Thomas, qu. 78, art. 1er, 2e *somme*. — Pothier, *Prêt de consommation*, n° 55 et 56.

avec le louage. Dans ce contrat les loyers sont légitimés par l'obligation du bailleur de faire jouir le preneur ; la propriété reste au premier, il peut en distraire l'usage au profit du second ; on comprend dès lors facilement qu'il puisse exiger en retour une rémunération. Cela se justifie d'autant mieux que presque toutes les choses qui peuvent faire l'objet d'un louage sont susceptibles de se détériorer par l'usage ; les détériorations préjudicient au bailleur qui reste propriétaire ; il supporte aussi la perte fortuite, *res perit domino*, il est juste qu'il reçoive une redevance à raison des chances de dépréciation totale ou partielle qui restent à sa charge. Dans le prêt de consommation rien de pareil ; l'emprunteur doit restituer en égale quantité des choses de même nature, valeur et bonté ; il n'y a aucune détérioration, aucune perte possible pour le prêteur ; de quel droit réclamerait-il une compensation. Si on objecte que le capitaliste qui se dépouille de son argent aurait pu lui-même s'en servir et par son travail en retirer des bénéfices, les canonistes font cette réponse : si le capitaliste a besoin de son argent, qu'il le garde ; s'il n'en a pas besoin, qu'il le prête sans intérêt ; s'il laissait ses écus dans son tiroir, il n'en trouverait pas un de plus au bout de l'année ; pourquoi en serait-il différemment s'il les prête ?

Est-il besoin de faire remarquer la pauvreté de cette argumentation. Que signifie cette raison : le prêteur ne doit pas tirer profit d'une chose qui n'est plus à lui ; les problèmes juridiques dépendent-ils donc de misérables jeux de mots ? S'il se dépouille de la propriété en même temps que de l'usage, n'est-il pas évident qu'il a droit à une rémunération, tout aussi bien que quand il ne cède que l'usage seulement ! et quand on vient dire qu'étranger aux chances de perte, il ne peut prétendre à une part déterminée d'avance dans les profits, on oublie qu'il assume les risques de l'insolvabilité du débiteur et qu'en se dépouillant de ses capitaux, il renonce à les faire fructifier lui-même. Il abandonne un bénéfice et s'expose à une perte il est juste qu'il exige une rétribution. On dit alors que le *mutuum* est un contrat de bienfaisance; que s'il est rémunéré, le prêteur ne rend plus service à l'emprunteur mais à lui-même, qu'il agit dans son propre intérêt. Eh bien! soit! le *mutuum* cesse d'être un contrat de bienfaisance, de même que le *commodat* quand il se transforme en louage; est-ce à dire que le louage soit un contrat illicite! On le voit, ces raisons sont des sophismes forgés pour défendre une idée préconçue.

Il ne faut pas attacher plus de valeur à l'argument qui consiste à reprocher au prêteur de vendre le temps. Les canonistes disent : le temps appartient à Dieu qui le mesure aux hommes comme il lui plaît; il n'est pas permis d'en disposer. C'est puéril! ce sont des formules mystiques transformées en axiômes, au détriment de la logique et du bon sens. Le prêt à intérêt est la vente du temps, dites-vous? eh bien! mais il n'y a rien de plus légitime; le temps comme l'air, comme la lumière, comme l'eau courante appartient à l'homme qui se l'approprie et a une valeur appréciable. « *Minus solvit qui tardius solvit*, (1) » pourquoi le temps ne ferait-il pas l'objet d'une cession.

Voilà ce que valent les raisons qui pendant tant de siècles ont servi de prétexte à condamner le prêt à intérêt; la légitimité de ce contrat est surabondamment établie; mais s'il manquait encore quelque chose à la démonstration, ne suffirait-il pas d'exposer l'utilité et les bienfaits du crédit pour la rendre décisive.

C'est le prêt à intérêt qui livre les capitaux au travail, c'est le travail qui les féconde et les multiplie. A peine un

(1) Ulpien, loi 22, D. *de verb. signif.* L, 16.

siècle s'est écoulé depuis que ce contrat a repris sa place dans les lois, et déjà quelle immense transformation économique n'a-t-il pas opérée, quel immense développement n'a-t-il pas donné à toutes les branches du commerce et de l'industrie ; quel puissant essor n'a-t-il pas imprimé à tant de gigantesques entreprises, qu'il était réservé à notre siècle de mener à bonne fin. C'est lui qui a rapproché les peuples, percé les monts, séparé les continents. De tels résultats ne le justifient pas seulement, mais l'imposent ; il défie aujourd'hui toutes les attaques, et hier encore les anathèmes de l'Eglise le signalaient à l'animadversion des peuples ! Un jour de liberté lui a suffi ; il a brisé toutes les résistances et dissipé tous les préjugés.

C'est en vain que le socialisme essaye de l'attaquer à son tour ; ses revendications ne trouvent aucun écho dans les masses économes et laborieuses. La propriété a dans le travail sa justification aussi bien que son origine et le travail a pour fin suprême la propriété ; supprimez l'une et vous verrez presque aussitôt disparaître l'autre. S'il n'était plus permis de tirer de son argent un produit honnête, l'ambition de l'homme n'irait pas au-delà des premiers besoins ; c'en serait fait de toutes les grandes entreprises. Le capital est nécessaire par conséquent légitime, et légitimes aussi sont les moyens de l'acquérir, de le conserver et de l'accroître.

« Vous faites reposer l'intérêt sur la privation qu'éprouve le prêteur, dit Proudhon ; or, justement celui-ci ne se prive pas du capital, il le prête parce qu'il n'en a que faire, étant suffisamment pourvu de capitaux (1). » C'est la négation même de la propriété, c'est une des innombrables applications de la thèse qui donne à l'Etat le droit de réduire les

(1) Proudhon, *1re lettre à Bastiat.*

fortunes au prorata des besoins de chaque individu. En appliquant cette théorie, il faudrait conclure, que celui qui a vingt maisons et ne peut en habiter qu'une, doit renoncer au loyer des dix-neuf autres ; et raisonnant de même pour chacun des éléments du patrimoine, on arriverait à imposer des barrières à l'accroissement des fortunes, et, par là, à supprimer le capital, à enrayer l'activité sociale. Heureusement les doctrines de Proudhon flagellées par Bastiat ne trouvent plus aujourd'hui de défenseurs que dans ces réunions tumultueuses, saturnales de l'anarchisme, d'où le bon sens est banni aussi bien que la grammaire.

CHAPITRE II.

Le taux de l'intérêt doit-il être libre?

Il ne peut être aujourd'hui question de revenir à la prohibition d'autrefois, c'est au contraire la liberté complète qu'on réclame ; à tort, selon nous, nous dirons ailleurs pourquoi.

Les économistes soutiennent que le taux maximum est une atteinte à la liberté humaine aussi bien qu'un obstacle à la prospérité des nations. Cette doctrine formulée au siècle dernier par Turgot et par Bentham trouva des défenseurs sur les bancs de la Constituante ; elle fut reprise par Treilhard, Regnault de Saint-Jean d'Angelly, Bérenger, dans la discussion du code civil, et elle n'a pas cessé depuis de compter de très nombreux partisans (1) ; s'il fallait en fournir la preuve elle se trouverait dans les nombreux projets de loi qui à diverses époques ont été déposés dans nos assemblées et que nous aurons tout à l'heure à faire connaître.

Que disent les défenseurs de la liberté du taux : puisque vous reconnaissez que le prêt à intérêt est un acte légitime, de quel droit, dans quel but, prétendez-vous retirer au prêteur la faculté d'en règlementer les conditions ?

C'est à celui qui se dépouille de son droit de propriété qu'il appartient d'apprécier l'étendue du dommage qu'il s'impose ; c'est à celui qui l'acquiert qu'il faut laisser le soin de déterminer la valeur de l'avantage qu'il retire. Prêteur et emprunteur sont dans une situation égale; ils contractent dans la plénitude de leur liberté et la liberté humaine doit être respectée jusque dans ses écarts. « On n'établit pas de bureaux de bonnes d'enfants pour des hommes faits, » disait spirituellement Bentham ; et s'il plaît à Paul dans la plénitude de son intelligence et de sa liberté de contracter un emprunt qu'il croit avantageux, bien que le taux en soit fort élevé, il serait injuste d'y mettre obstacle au nom de je ne sais quelles considérations sentimentales, qui sont la négation même du droit de propriété. Si je veux donner dix mille francs pour une maison qui en vaut deux mille, personne ne contestera à mon vendeur le droit de recevoir le prix que je lui offre ; personne ne songera à en demander la réduction ; pourquoi en serait-il autrement si j'offre

(1) Lerminier (*philosophie du droit*, 3e édit., p. 443). — Rivière (*examen du régime de la propriété mobilière en France*, 1854, p. 146 et suivantes.) — Kœnigswarter (*de la réforme des lois qui régissent le taux de l'intérêt*, revue critique, t. XI, p. 443 et suivantes). Romiguière (*du prêt à intérêt, de l'usure et de la loi de 1807*). Renouard (*du droit industriel*). — Pont, *petits contrats*, p. 116 et 117. — Et tous les économistes.

10 ou 15 0/0 à la personne qui consent à me confier son argent. Je suis maître de mon patrimoine, je puis en disposer comme je l'entends, et de même que je pourrais librement brûler un billet de banque pour allumer ma bougie, de même puis-je m'engager à payer telle ou telle somme qu'il me plait, quelles que puissent être les conséquences de mon engagement. Mon droit d'homme libre et de propriétaire le veut ainsi.

Nos lois civiles sont fondées sur le grand principe de la liberté des transactions que l'article 1134 du code civil consacre formellement ; s'il s'agit du prêt à intérêt il n'y a aucune raison de déroger à ce principe, bien au contraire.

Le prêt à intérêt, qu'est-ce après tout ? Un louage de choses fongibles, une vente de marchandises avec terme pour le paiement du prix. Qu'est-ce qui fait l'objet de ce louage ou de cette vente ? une marchandise de valeur mobile et incertaine, plus difficilement appréciable que toute autre : l'argent. Songe-t-on à rétablir aujourd'hui les tarifs sur les blés, les vins ou les huiles ? Qu'on fasse pour l'argent ce qu'on a fait pour les autres marchandises, et on arrivera à en faire baisser le prix.

C'est le commerce, c'est la liberté de l'offre et de la demande qui constitue la meilleure garantie des emprunteurs ; le jour où on pourra prêter librement, le nombre des prêteurs augmentera, ils devront abaisser leurs exigences pour trouver des placements ; c'est à l'emprunteur que profitera en définitive la liberté. « Le fermier gêné emprunte à l'usurier aujourd'hui à 18 0/0, disait en 1882 M. Truelle à la Chambre des députés ; si vous votez la loi, il empruntera à 8 0/0. Je fais la preuve : L'usurier qui lui prête à 18 0/0 prend 6 0/0 pour les risques à courir du capital, 6 0/0 pour les risques de la police correctionnelle. Comme je supprime la police correctionnelle, l'usurier prêtera à 12 0/0 ; mais comme il y aura dix usuriers au lieu d'un, ils prêteront à dix pour cent par l'effet de la concurrence et comme ils auront à lutter contre la concurrence des capitaux honnêtes, des vôtres et des miens, le prêt se fera à 8 0/0. »

C'est ainsi que raisonnent les partisans de la liberté ; tels seraient d'après eux les résultats de la suppression du taux maximum. Si au contraire le taux maximum est maintenu, il arrivera, disent-ils, que l'emprunteur gêné, incapable de fournir au prêteur des garanties sérieuses sera dans cette alternative, ou de se voir refuser tout crédit, ou de recourir aux usuriers qui exploiteront sa misère et exigeront de lui un intérêt d'autant plus fort que l'exercice de leur profession sera plus périlleux. Que lui aura servi la protection des lois ? La protection ainsi entendue, c'est le pavé de l'ours sur la tête du jardinier.

C'est trop de prétention pour le législateur de se croire meilleur juge de l'intérêt des parties que les parties ellesmêmes. Tel prêt qui au premier abord paraît onéreux est peut-être le salut de celui qui le contracte. Un paysan est sous le coup d'une expropriation ; on va vendre sa ferme, son bétail, ses récoltes, et la somme pour laquelle on le saisit est sans importance, une année heureuse suffirait pour le libérer, peut-être a-t-il dans une succession des droits importants à recouvrer ; mais la saisie est là qui le presse, qui le paralyse, qui va engloutir et dévorer son héritage ; on lui offre de l'argent à dix ou quinze pour cent ; que fera-t-il ? S'il est sage il n'hésitera pas à emprunter pour arrêter les poursuites ; la législation qui l'en empêche, est vicieuse ; elle veut le protéger et elle l'écrase. Mais en dépit de toutes les lois restrictives, on trouvera toujours à emprunter ; le seul effet de la limitation est d'assurer aux usuriers un monopole à l'abri duquel ils peuvent pratiquer les plus odieuses exactions. Donnez la liberté à l'intérêt et l'emprunteur, quelles que soient les garanties qu'il offre, quel que soit le délai qu'il demande, pourra s'adresser au prêteur honnête ; le banquier appréciera toutes les conditions du prêt, réclamera des intérêts en rapport ; il n'exagérera rien, de peur de laisser le bénéfice de l'opération au banquier voisin. Le prêteur trouvera ainsi les fonds dont il a besoin et aux conditions que comportent les garanties de solvabilité qu'il présente. La justice ne peut rien réclamer de plus.

Dans une législation où l'intérêt est limité, que deviendra l'emprunteur qui n'offre pas des garanties assez sérieuses pour que le prêteur puisse considérer le taux légal comme une rémunération suffisante ? Il a un besoin absolu d'argent et l'emprunt qu'il veut faire sera utile, quelque onéreuses qu'en puissent être les conditions ; il se présentera d'abord dans des maisons sérieuses, mais on lui dira : les risques que nous courrions ne seraient pas compensés par un intérêt de 6 0/0, la loi nous défend un intérêt supérieur, nous ne pouvons vous prêter. Il se rendra ainsi chez tous les banquiers, négociants et notaires de la ville et partout la même réponse. Un jour il verra venir à lui un homme qui lui dira : J'ai appris que vous cherchiez à emprunter, je serais bien heureux de pouvoir vous rendre service. Cet homme c'est l'usurier, l'usurier pour qui c'est une bagatelle d'enfreindre les lois de son pays, un jeu d'en éluder la sanction ; il prête à 15, 20, 30, 40 0/0 ; que craint-il ? la concurrence ? mais il n'en a pas, il est seul, le prix de l'argent dépend de son bon plaisir et de sa rapacité ; la police correctionnelle ? mais il a pris ses précautions avec elle et d'ailleurs la honte ne l'effraye pas. Il vient à l'emprunteur obéré avec le sourire sur les lèvres, il sait au besoin trouver une larme pour son infortune ; il lui apparaît comme un bon génie et un sauveur ; les conditions qu'il exige ne paraissent rien à côté du service qu'il rend, et si plus tard le parquet vient à l'inquiéter, la bouche de sa victime ne s'ouvrira que pour le défendre. Seul il aura compati à sa misère et soulagé ses besoins ! C'est en effet une remarque fort curieuse, que les usuriers, objets de la haine et du mépris public, ne trouvent que reconnaissance et considération auprès de ceux qu'ils sont prévenus d'avoir exploité.

Le plus grave reproche qu'on pourrait faire aux lois restrictives est qu'il est impossible de les faire observer ; le prêteur est incapable de déjouer tous les artifices, les précautions sont habilement prises et l'usure se pratique de toutes parts. Quel est donc le résultat obtenu ? c'est que les financiers honnêtes, scrupuleux ou timides se refusent à enfreindre la loi et laissent le champ libre aux spéculateurs véreux et clandestins qui abusent de la situation ou plutôt du monopole créé à leur profit, au grand détriment des emprunteurs eux-mêmes.

On conçoit, ajoutent les partisans de la liberté du taux, que dans certains pays et à certaines époques, il ait pu paraître nécessaire de limiter l'intérêt ; quand les communications sont lentes et difficiles, quand les institutions de crédit sont rares, quand le petit rentier du village est le seul prêteur possible pour l'ouvrier et le paysan, quand en un mot la concurrence n'est pas venue niveler les conditions des emprunts, on conçoit qu'il puisse être imprudent de laisser aux parties la faculté illimitée de déterminer elles-mêmes le taux de l'intérêt, de laisser l'emprunteur qui n'a pas, aux prises avec le capitaliste qui a trop ; la liberté de l'un ne serait pas égale à celle de l'autre. Mais une crainte semblable peut-elle se faire jour dans notre société, où les moyens de transport et de communication ont supprimé toutes les distances ; où les établissements financiers se sont multipliés au point d'envahir les moindres bourgades, et où le paysan vient chaque semaine traiter à la ville de la vente de ses fourrages, de son bétail et de son blé. Qu'on ne vienne pas dire dans ces conditions que l'emprunteur a besoin d'être protégé ; pourquoi ne pas protéger aussi l'acheteur, le locataire, l'ouvrier ? pourquoi ne pas faire peser sur tous les contrats les mêmes entraves ? Il faudrait arriver à ce résultat pour être logique et cependant il ne s'est encore trouvé personne pour le proposer.

Ainsi se soutient la thèse de la liberté du taux de l'intérêt; nous ne saurions prétendre que ces arguments n'aient pas une très grande force ; et peut-être si nous avions à rechercher une solution purement théorique, nous inclinerions-nous devant leur autorité ; mais la thèse de la limitation a, elle aussi, ses défenseurs, et à défaut de principes abstraits et de règles absolues, ils peuvent invoquer des traditions, des considérations pratiques dont on ne peut méconnaître la portée. Tous ne demandent pas d'ailleurs que la limitation soit complète ; beaucoup reconnaissent qu'en matière de commerce, la liberté est sans inconvénient, beaucoup ne demandent que pour le prêt civil le maintien des lois restrictives. C'est à cette opinion que nous nous rangerons, et nous expliquerons plus loin dans quelles conditions ; mais disons d'abord un mot de l'argumentation des partisans de la limitation absolue. La tradition historique est la principale raison qu'ils invoquent ; tous les peuples anciens comprirent la nécessité d'imposer des limites à la cupidité des prêteurs; les nations modernes en essayant de s'affranchir de ces précautions salutaires, ont entrepris une expérience ; tout dans le passé autorise à croire qu'elle aboutira à la condamnation de cette liberté dangereuse qui accumula autrefois tant de misères. L'argent est bien une marchandise, mais marchandise d'un genre à part, marchandise type qui sert à déterminer la valeur de toutes les autres. L'argent, c'est la base des échanges et des transactions ; son acquisition, son usage, sa transmission se présentent avec leur caractère propre, leur physionomie originale. L'argent est une marchandise, mais cette marchandise est la seule qui ne peut pas faire l'objet d'une vente à prix déterminé et payable comptant ; le prix et l'objet de la vente se confondraient sans cela, l'opération n'aurait plus de but. La seule vente dont l'argent puisse être l'objet c'est le prêt à intérêt ; c'est bien une vente, la vente d'une marchandise à celui qui ne peut actuellement en payer le prix ; la vente de celui qui a à celui qui n'a pas ; dans ce contrat l'un a besoin d'argent, l'autre ne sait qu'en faire ; pour celui-ci l'opération est nécessaire, pour celui-là elle est facultative ; le premier subira toutes les conditions, le second ne s'en laissera pas imposer une seule ; entre l'argent et les autres marchandises il n'y a donc pas d'assimilation.

Il ne faut pas se laisser arrêter non plus à je ne sais quel respect de l'indépendance humaine, qui sacrifierait le sort de l'emprunteur, pour ne pas gêner sa liberté. Toute la question est de savoir si les deux parties sont véritablement dans des conditions égales, si la liberté de l'une n'est pas supprimée ou amoindrie par la situation de l'autre, et s'il est établi que l'emprunteur est exposé par sa faiblesse ou son aveuglement à donner un consentement contraire à ses intérêts, pourquoi la loi n'interviendrait-elle pas pour le protéger. La liberté humaine, dites-vous, doit être respectée jusque dans ses écarts ; mais que diriez-vous donc de l'agent de police qui, par respect pour la liberté d'un pendu, s'abstiendrait de couper la corde à laquelle il se débat (1). Et, au reste, que font les lois protectrices ? rétablir l'égalité rompue entre le prêteur et l'emprunteur par l'injustice du sort, défendre la liberté amoindrie du second contre la puissance dominatrice du premier. La

(1) Antonin Rondelet, *Du Spiritualisme en économie politique*, p. 208 et suiv.

limitation du taux ne porte aucune atteinte au principe sacré de l'indépendance humaine, elle en est plutôt la sauvegarde, et, ajoutons, la sauvegarde nécessaire.

L'état d'infériorité où se trouve celui qui veut emprunter le livre à la discrétion de l'usurier ; il acceptera tout pour obtenir la somme qui lui manque ; que lui importe le taux des intérêts, l'entreprise qu'il a en vue sera féconde ; il remboursera vite ; mais arrêtée par les difficultés de toute opération qui commence, l'entreprise lui fait attendre les résultats qu'il s'était promis ; les intérêts courent, doublent, triplent ; le créancier s'impatiente, le débiteur demande du temps, la dette grossit toujours ; l'entreprise va réussir, le créancier n'attend plus ; il insiste, il presse, il menace, il fait vendre ; la vente se fait mal, le débiteur est ruiné et l'usurier, qui s'est le plus souvent porté adjudicataire, va s'enrichir de son travail et de ses dépouilles. Il faut prévenir de pareils résultats ; la loi le peut, elle le doit.

Sera-ce la première fois que le législateur sera intervenu pour protéger les individus contre eux-mêmes ? Mais non. Il y a au Code civil des articles qui défendent les pactes sur successions futures ; quelle pensée les a inspirés ? Celle de prévenir des désirs homicides chez les bénéficiaires de semblables conventions ? Point du tout. La loi a créé des héritiers à réserve et n'a pas redouté de leur suggérer l'idée de supprimer le détenteur des biens qui doivent leur revenir ; ce qu'elle a voulu prévenir avant tout dans les articles 791, 1130 et 1600, c'est qu'un héritier se méprenne sur la consistance et la valeur de ses droits successifs, contracte des engagements contraires à ses intérêts, abandonne à un prix insignifiant des droits considérables, achète dans des conditions onéreuses un patrimoine que le *de cujus* encore vivant peut amoindrir ou dissiper à son gré. La loi a voulu défendre l'individu contre les entraînements de son ignorance, de ses besoins, de ses convoitises. La limitation du taux de l'intérêt s'appuie sur des motifs identiques.

Quand la loi donne au vendeur lésé de plus des 7/12 le droit de demander la résolution de la vente, n'a-t-elle pas encore le même point de départ? Elle suppose que le vendeur a cédé à un besoin d'argent, que l'acheteur a exploité sa situation difficile; elle considère alors que la liberté dont le premier a joui n'est qu'apparente; elle intervient pour réparer les conséquences d'un consentement dicté par la nécessité, elle vient arracher à l'acheteur les profits injustes qu'il se flattait de retirer. N'y a-t-il pas une similitude absolue dans les situations de l'emprunteur et du vendeur, du prêteur et de l'acheteur; les premiers veulent de l'argent et en veulent à tout prix, les seconds le savent et en abusent; la loi dans l'un et l'autre cas ne doit-elle pas intervenir? La limitation légale du taux de l'intérêt est donc légitime; ajoutons qu'elle est nécessaire. La société tout entière est intéressée à ce que les petites fortunes se conservent, et l'usure en entraîne fatalement la disparition; la morale publique exige que le législateur mette des bornes à la rapacité des prêteurs, il y va de l'ordre et de la prospérité d'un pays. L'histoire de Rome jette sur cette question une lumière que n'affaibliront pas les conceptions théoriques à l'aide desquelles on prétend la résoudre.

Le système de la limitation, tel que nous venons de l'exposer, ne compte plus aujourd'hui qu'un très petit nombre de défenseurs; mais beaucoup d'esprits judicieux se rallient à une opinion intermédiaire qui, consacrant la liberté du taux en matière de commerce, maintient le prêt civil sous le régime du maximum. Ce système nous paraît répondre à toutes les objections. Il est incontestable, au point de vue spéculatif tout au moins, que l'argent est une marchandise; qu'il peut faire l'objet d'une convention au même titre que toute autre marchandise, huile, vin, riz, seigle ou froment; et comme les conventions sont libres, on ne trouve pas de motif sérieux à soumettre le prêt d'argent à une réglementation particulière ; mais si, en théorie, la thèse des partisans de la liberté est pleinement justifiée, il est incontestable aussi que, dans certains cas, l'application pourrait en être désastreuse. C'est en vain qu'on affirme la pleine indépendance de l'emprunteur; qu'on promet l'abaissement de l'intérêt par l'effet de la concurrence ; qu'on fait miroiter les merveilleux effets de la liberté du taux pour la prospérité générale ; toutes ces assertions tombent devant les faits. Il est certain qu'il se trouve des caractères faibles qui, au sein de l'adversité, voient leurs facultés s'obscurcir ; il est certain qu'il se trouve des hommes indélicats pour les exploiter ; il est certain que la concurrence des prêteurs ne constitue pas toujours pour l'emprunteur une garantie suffisante, et si la liberté du taux est le meilleur régime à appliquer dans le meilleur des mondes, on conçoit telle époque, telle société, tel pays, où il peut être utile de la restreindre. L'application de la liberté du taux est-elle compatible avec l'état de nos mœurs et de notre civilisation, telle est la véritable question?

Il n'y a pas lieu, selon nous, de formuler une réponse unique; pour les prêts entre commerçants, l'heure nous semble venue de rendre aux parties le droit absolu de fixer elles-mêmes les conditions du contrat ; pour les prêts civils, il nous paraîtrait imprudent de lever les barrières qui retiennent encore les petits usuriers sous le coup d'une surveillance nécessaire.

Nous disons qu'entre commerçants la liberté nous semble possible et utile, parce que, dans ce cas, on peut véritablement dire que l'emprunteur est indépendant, et qu'il trouve dans la concurrence des prêteurs une garantie solide ; si la limitation n'est plus nécessaire, elle devient nuisible ; il faut délivrer le commerce de ses entraves. Un commerçant qui emprunte sait ce qu'il fait ; il a l'habitude des affaires ; il a de nombreuses relations, une situation sur la place ; il connaît le prix de l'argent, est familiarisé avec les échéances, sait à qui demander du crédit ; on sait ce qu'il vaut, et s'il est solvable, les prêteurs ne lui manqueront pas ; le premier qu'il sollicitera lui fera les meilleures conditions possibles, de crainte qu'il ne s'en aille solliciter ailleurs ; le contrat interviendra librement, dans des conditions d'égalité parfaite ; l'offre et la demande en détermineront les bases ; que servirait un taux maximum ? En limitant l'appréciation libre des contractants, il pourrait consacrer un préjudice pour l'un, un bénéfice illégitime pour l'autre.

C'est bien ici le cas de dire que la facilité des transports, la rapidité des communications, la multiplicité des établissements de crédits, rendent aujourd'hui, entre commerçants, toute limitation superflue. Mais nous disons, qu'on le remarque, *entre commerçants*, et non point en matière de commerce, expressions que nous retrouverons plus loin dans un projet de loi voté par la Chambre, et sur lequel le Sénat ne s'est pas encore prononcé. Toutes les considérations que nous venons de faire valoir, et qui nous paraissent décisives, ne trouveraient plus leur application, si nous nous occupions non plus d'un prêt entre commerçants, mais d'un prêt « en matière de commerce. » Nous avons vu ce que la jurisprudence entend par ces expressions ; c'est non seulement le prêt entre commerçants, ou fait à un commerçant pour son commerce, mais le prêt qui rentre dans les opérations ordinaires d'un négociant, sans s'inquiéter de savoir s'il est fait à un commerçant ou à un non commerçant, s'il a un but commercial ou civil. Or, ce qu'il faut considérer exclusivement, c'est la qualité de l'emprunteur. Est-il commerçant, la loi peut le considérer comme assez éclairé pour n'avoir rien à redouter de la liberté ; qu'il s'adresse à un prêteur négociant ou non, peu importe ; il a l'habitude des affaires, il sait où trouver de l'argent ; il peut, à armes égales, débattre les conditions du contrat ; est-il non commerçant, il doit être protégé. Qu'importe pour lui que le prêt qu'il contracte rentre dans les opérations ordinaires du banquier auquel il s'adresse ; en sera-t-il moins exposé à voir exploiter sa misère ? Il est ignorant, inexpérimenté, sans astuce, la nécessité le presse ; s'il se trouve en face d'un commerçant, c'est-à-dire d'un homme habile, rompu aux affaires, qui sait être tour à tour persuasif et menaçant, compatissant et inexorable, qui dispose de toutes les ressources que donne la pratique prolongée des transactions, il sera d'autant plus exposé à commettre un acte de faiblesse, à sacrifier ses véritables intérêts ; la commercialité du prêt ne sera pas pour lui une sauvegarde.

Pour conclure et pour donner à notre pensée une formule précise, nous dirons que, pour le prêt fait à un emprunteur commerçant, le taux de l'intérêt devrait être libre ; que, dans tous les autres cas, c'est-à-dire toutes les fois que l'emprunteur n'est pas commerçant, le maximum doit être conservé, et en voici les raisons : Le paysan est dévoré du désir d'arrondir son domaine ; ce lopin de terre lui siérait parfaitement, mais il n'a pas d'argent ; qu'importe ! il emprunte. Emprunter est grave, à la campagne surtout ; c'est chose qu'on n'avoue pas ; la première condition d'un emprunt, c'est le secret. A qui le paysan s'adresse-t-il pour trouver ce secret qu'il cherche ? à un établissement financier, qui couchera son nom sur ses livres, qui fera une enquête sur sa solvabilité ? non. Il n'y a que deux prêteurs possibles pour lui : le petit capitaliste du village et le petit notaire du canton. Le premier est usurier ; le second est prêt à le devenir, le jour où le maximum sera levé. L'un et l'autre sont à peu près maîtres du marché ;

ils n'ont pas à redouter la concurrence; ils exigeront des intérêts écrasants, mais ni Pierre ni Jacques ne sauront que Paul a emprunté; tout le village verra avec envie le domaine de Paul agrandi, et l'usurier ne dira pas au prix de quels sacrifices.

Qu'est-ce qui retient encore aujourd'hui toute cette catégorie de prêteurs, petits rentiers, petits négociants, petits notaires? Qu'est-ce qui protège tous ces petits emprunteurs, petits propriétaires et paysans? C'est la loi de 1807. Supprimez-la, et l'usurier du village ne mettra plus de bornes à ses exactions; il exigera dix pour cent du débiteur le plus sûr; le notaire, que sa qualité d'officier ministériel et la surveillance à laquelle il était soumis retenaient encore, fera de même; l'usure s'abattra sur les campagnes, et surtout sur la petite propriété foncière, que l'Etat a tant de raisons de protéger.

Le jour où le paysan sera entièrement affranchi du joug de l'ignorance, de la routine et des préjugés; le jour où avec l'instruction, la pratique éclairée de la vie sociale aura pénétré dans les plus lointains hameaux, peut-être sera-t-il utile de donner à l'intérêt la liberté complète. Mais tant que la société n'aura pas subi une transformation intellectuelle qu'il est à peine raisonnable d'espérer, il faudra maintenir les vieilles précautions. Supprimer en l'état les barrières imposées à l'usure, sous prétexte d'augmenter la liberté civile, serait faire des mots un étrange abus. La question qui nous occupe n'a rien à voir avec la liberté et les sentiments généreux que réveille en nous cette grande et belle chose; mais si on voulait introduire dans ce débat des considérations qui doivent y rester étrangères, nous pourrions dire que la solution vraiment libérale, vraiment démocratique, est celle qui défend le faible contre le fort, et qui corrigeant les erreurs de la fortune, essaie de rétablir l'égalité rompue entre le paysan et l'usurier.

CHAPITRE III.

Législations étrangères. — Critiques formulées contre la loi du 3 septembre 1807, efforts pour l'abroger. — Conclusion.

Les efforts des économistes ont amené la plupart des législations de l'Europe à proclamer la liberté du taux de l'intérêt ; en France la limitation subsiste encore ; mais critiquée, combattue de toutes parts, elle voit peu à peu s'éclaircir les rangs de ses défenseurs, contre elle les projets de loi se multiplient, l'opinion se prononce tous les jours plus menaçante, et l'heure est proche où notre pays aussi voudra peut-être faire l'épreuve de la liberté. La France qui se flattait naguère de frayer la route des nations semble frémir de s'être laissé devancer.

L'Angleterre observait encore en 1841 un statut de la reine Anne qui fixait le taux maximum à 5 0/0. A cette époque on décida que les prêts inférieurs à 250 livres sterling y demeureraient seuls soumis. On ne devait pas s'arrêter là. En 1854, sur la proposition de M. Gladstone la liberté fut proclamée. Il ne fut fait exception qu'en faveur des *Pawn-Brokers*, prêteurs sur gage qui purent encore suivant les circonstances prêter au 10, 15, 20 0/0. Depuis lors la liberté des prêts est entrée si profondément dans les mœurs anglaises que personne ne songe aujourd'hui à la combattre.

En Belgique, la loi de 1807 a été abrogée en 1865.

En 1857 le Piémont sous l'influence de Cavour proclama, lui aussi, la liberté de l'intérêt ; les annexions successives, qui ont formé le royaume d'Italie ont étendu la réforme à toute la péninsule.

En 1866 la Prusse effaçait le taux maximum, l'Allemagne du Nord, la Bavière, le Wurtemberg, les grands duchés de Bade et de Hesse ne tardaient pas à suivre son exemple et quand le nouvel empire d'Allemagne se forma, l'intérêt y fut absolument libre ; quelque élevé que fût le taux, jamais le prêteur n'avait à en rendre compte à la justice.

Depuis lors, l'Allemagne a fait un pas en arrière par une loi du 7 mai 1880. Au point de vue civil, l'intérêt ne cesse pas d'être libre, mais non plus au point de vue pénal : si un prêteur dépasse dans ses exigences les limites que l'honnêteté devait lui tracer, il est déféré à la juridiction répressive, qui pour un fait isolé peut lui appliquer des peines très rigoureuses. L'existence même du délit est laissée à l'appréciation arbitraire du juge. Nous nous accommoderions mal en France d'une législation aussi contraire aux règles primordiales du droit pénal.

L'Autriche avait fait en 1787 un premier essai de la liberté du taux. Joseph II, l'empereur philosophe, avait aboli toute réglementation, mais sa réforme ne lui survécut pas. En 1868 la liberté fut de nouveau proclamée ; la même mesure fut adoptée en Hongrie, mais ce dernier Etat est revenu en 1877 au système du maximum pour les prêts civils.

En Espagne la liberté existe depuis la loi du 14 mars 1856 pour l'intérêt conventionnel sans distinction ; la même loi déclare que le taux de l'intérêt légal sera fixé annuellement par le Conseil d'Etat.

Le Danemark et la Suède pratiquent le régime de la liberté sous certaines conditions ; la Norvège qui avait aboli le taux maximum en 1842 y est revenue en 1851.

Chaque canton suisse a sa législation spéciale : Vaud, Lausanne, Lucerne, Genève, Bâle admettent la liberté.

La Russie a longtemps conservé le régime du maximum. c'était le 6 0/0. Un ukase du 28 mars 1879 a établi la liberté du taux.

Si on quitte l'Europe on trouve encore la liberté appliquée dans presque tous les états de l'Amérique méridionale : Brésil, Urugay, Nouvelle-Grenade, Equateur, Perou, etc.

Les Etats de la grande confédération américaine se répartissent entre les deux systèmes ; mais prohibée dans ceux-ci, autorisée dans ceux-là, le liberté de fait existe presque ouvertement dans tous.

Il n'est pas jusqu'aux nations de l'extrême Orient qui ne possèdent le libre exercice du prêt à intérêt ; il en est ainsi notamment du Japon. En Chine, il existe un maximum, mais il est de 30 0/0 par mois ; ce n'est pas une entrave bien gênante, cependant les économistes du Céleste Empire ne laissent pas de réclamer sa suppression.

On le voit, presque partout se sont abaissées les barrières que les sociétés antiques avaient cru nécessaire d'opposer à la libre négociation de l'argent ; la France a persisté presque seule à les maintenir; mais la discussion est encore ouverte et des voix nombreuses s'élèvent en faveur de la liberté. On a fait beaucoup de reproches à la loi de 1807 : elle n'aurait aucun fondement rationnel et ne serait qu'une épave de la vieille prohibition canonique ; elle serait d'une application difficile et servirait le plus souvent de rempart à l'usure la moins avouable ; enfin minée de toutes parts par l'opinion et par les faits, elle ne serait plus aujourd'hui qu'une lettre morte, une disposition oubliée, une arme vieillie dont il faudrait débarrasser l'arsenal de nos lois.

Il y a une part de vérité et d'exagération dans ces critiques. Que le législateur ait été conduit au taux maximum par le respect d'une tradition séculaire avec laquelle il appréhendait de rompre tout à fait ; que bien souvent les détours de l'usure soient difficiles à découvrir ; que la crainte du châtiment serve de base à des exigences plus grandes chez quelques usuriers ; que la jurisprudence en admettant la légitimité des droits de change, d'escompte, de commission, le législateur en autorisant les monts-de-piété, en permettant à la banque de France d'élever le taux de son escompte, aient restreint dans de sérieuses proportions le champ d'application de la loi de 1807, cela est possible ; mais cela ne prouve pas que le principe même de cette loi soit funeste et qu'il soit opportun de donner la liberté complète au taux de l'intérêt. Quoi qu'il en soit, des propositions fréquentes ont été faites dans ce sens au sein de nos assemblées.

En 1836 une proposition tendant à l'abrogation de la loi de 1807, déposée par M. Lherbette fut repoussée grâce aux efforts de Dupin. Elle fut renouvelée en 1850 par M. de Saint-Priest, mais n'aboutit pas.

Portée au Sénat par voie de pétition en 1862, soutenue avec beaucoup d'élévation par MM. Forcade-Laroquette et Michel Chevalier, la loi sur la liberté du taux allait être votée, quand elle retrouva son redoutable adversaire de 1836, le procureur général Dupin. Elle succomba encore.

En 1867 le gouvernement confia au Conseil d'Etat le soin d'ouvrir une enquête sur cette question. Les Chambres de commerce et les Chambres des notaires consultées se déclarèrent en général pour la liberté sans limite ; les évènements de 1870 empêchèrent la solution d'intervenir.

L'Assemblée nationale fut aussi saisie de la question par une proposition de M. Limperani en 1871. M. Sacase fut nommé rapporteur pour combattre la loi comme inopportune. Les conclusions du rapport furent adoptées.

Une nouvelle proposition fut déposée à la Chambre des députés en 1876 ; la Commission émit un avis favorable et M. Constans fut nommé rapporteur. Cette proposition n'eut pas de suite.

Reprise devant la Chambre issue des élections de 1877, elle fut admise par la Commission, en matière de commerce. M. Joson déposa un rapport dans ce sens le 13 juillet 1879, mais aucun vote n'intervint.

Les adversaires de la loi de 1807 n'ont pas perdu courage.

Un député M. Truelle a renouvelé encore une fois la même proposition et la Chambre a fait droit en partie à ses réclamations. Elle a adopté en 1882 le 14 mars en première, le 28 en seconde délibération, un projet de loi ainsi conçu : « Les lois du 3 septembre 1807 et 19 décembre 1850 dans leurs dispositions relatives à l'intérêt conventionnel sont abrogées en matière de commerce; elles restent en vigueur en matière civile. »

La première délibération de cette loi a donné lieu à un débat très élevé, auquel ont pris part MM. Truelle, auteur de la proposition, Laroze, Fréderic Passy députés, Tirard ministre du commerce, Gatineau, Bovier-Lapierre, Martin Nadaud députés, Léon Say ministre des finances, Andrieux rapporteur de la commission, etc.

Le rapport concluait à l'adoption intégrale de la proposition Truelle, à la consécration de la liberté absolue ; la Chambre en adoptant un amendement de M. Laroze a restreint la réforme aux matières de commerce. Le Sénat ne s'est pas encore prononcé sur ce projet ; nous avons indiqué par avance ce que nous en pensions ; nous en adoptons le principe, mais nous voudrions en voir réduire encore les termes. Nous applaudirions à un projet ainsi conçu : *Quand l'emprunteur est commerçant*, *le taux de l'intérêt conventionnel est libre.* Cette rédaction aurait l'avantage d'échapper aux difficultés d'interprétation que soulèvent les expressions en matière de commerce ; difficultés qui ont été signalées avec raison à la tribune de la Chambre et sur lesquelles la jurisprudence n'est pas parvenue à formuler une doctrine précise et définitive ; mais c'est dans un remaniement général des lois sur le taux de l'intérêt, que nous voudrions voir figurer cette nouvelle rédaction, car si la loi de 1807 ne mérite pas à certains points de vue tous les reproches qu'on lui adresse, elle n'est point pour cela à l'abri des critiques.

Nos études appellent une conclusion, la voici : Le taux de l'intérêt conventionnel doit être libre quand le prêt est fait à un commerçant ; il doit être limité dans tous les autres cas. Quelle doit être cette limitation ? La loi de 1807 en fixant à la fois à 5 0/0 en matière civile, à 6 0/0 en matière commerciale le taux de l'intérêt légal, le taux maximum de l'intérêt conventionnel, et le taux présumé dans le silence des conventions, consacre-t-elle des solutions vraiment équitables et rationnelles ? Nous ne le pensons pas. Le taux des intérêts que la loi accorde dans certaines situations prévues par elle et celui qu'elle présume dans le silence des parties, doivent être l'un et l'autre l'intérêt moyen. Entre le débiteur qui ne voudrait payer que l'intérêt le plus bas et le créancier qui voudrait exiger le plus élevé, le législateur doit tenir la balance égale ; n'est-il pas juste en effet de supposer que, si un accord était intervenu entre les parties, le prêt aurait été consenti aux conditions moyennes du marché !

Les idées qui doivent présider à la détermination du taux de l'intérêt conventionnel ne sauraient être les mêmes ; ce n'est plus une moyenne, mais un maximum qu'il s'agit de rechercher ; ce maximum doit être assez élevé, pour que l'emprunteur puisse trouver dans la stipulation d'intérêts, l'équivalent de toutes les circonstances défavorables dans lesquelles le prêt intervient : longueur du terme de remboursement, insolvabilité possible du débiteur ; chances de pertes de toutes sortes. Il faut, si la loi est bien faite, que le créancier ait la faculté de tenir compte de toutes ces données, dans les modalités de son consentement ; il faut un maximum assez élevé pour compenser toutes les chances malheureuses qu'il peut être raisonnable de courir dans un placement sérieux ; ce maximum ne saurait dès lors se confondre avec l'intérêt légal et l'intérêt présumé dans le silence des parties. La loi de 1807 ne peut se justifier de cette confusion.

Elle mérite une autre critique : elle fixe d'une manière absolue et invariable une chose essentiellement contingente et relative. Il est vrai que dans la pensée de ses auteurs, cette loi devait être renouvelée fréquemment au gré des besoins financiers et économiques ; mais l'expérience a démontré que le législateur est inhabile à tarifer périodiquement le numéraire ; les dispositions qui devaient avoir une durée d'un jour, ont subsisté trois quarts de siècle ; aussi a-t-on proposé d'enlever à la loi le soin de déterminer le taux légal et le taux maximum.

Turgot estimait qu'ils pourraient être fixés par un acte de notoriété dressé et renouvelé tous les ans par chaque parlement (1) ; mais la révolution a balayé les parlements et leur pouvoir règlementaire ; la civilisation en supprimant les distances a nivelé les conditions du marché financier ; l'idée de Turgot ne répondrait plus aux besoins de notre époque. C'est une fixation uniforme, générale et annuelle qu'il nous faut. Quelques-uns sont d'avis de conserver au pouvoir législatif le soin de l'établir ; mais les législateurs n'ont ni le temps, ni les données nécessaires pour le faire

(1) Turgot, *Œuvres*, t. 1er, p. 143, édit Guillaumin.

équitablement ; d'autres estiment qu'il faut remettre au juge la faculté d'apprécier, si eu égard aux circonstances, le taux ne dépasse pas les limites que la modération et la justice imposaient ; mais ce serait là la plus odieuse consécration de l'arbitraire ; enfin certains esprits ont émis l'idée de faire fixer chaque année l'intérêt légal par un règlement d'administration publique, qui prendrait pour base le taux de l'escompte de la banque de France et les évaluations fournies par la Bourse ; quant à l'intérêt conventionnel, il pourrait s'élever au-dessus de l'intérêt légal dans une certaine proportion déterminée par la loi. Ce système nous paraît répondre à toutes les exigences.

En Espagne, où l'intérêt conventionnel est libre, l'intérêt légal est déterminé annuellement par le conseil d'Etat ; pourquoi n'adopterait-on pas cet usage en France ?

Mieux que toute autre assemblée, le conseil d'Etat pourrait fixer le taux de l'intérêt moyen, qui deviendrait l'intérêt légal, l'intérêt présumé dans le silence des parties ; quant au maximum de l'intérêt conventionnel, la loi elle-même le déterminerait, en établissant la proportion dans laquelle il pourrait excéder l'intérêt légal.

Dans les prêts faits à un commerçant, l'intérêt serait libre.

C'est dans ce sens qu'il conviendrait peut-être d'aborder la réforme législative du taux de l'intérêt.

TABLE DES MATIÈRES.

ÉTUDES JURIDIQUES.

ÉTUDES PHILOSOPHIQUES, ÉCONOMIQUES ET LÉGISLATIVES.

POSITIONS.

Droit Romain.

I. — Il n'est pas démontré que le *nexum* ait été, à l'origine, la forme unique des contrats.

II. — Avant Justinien, le bénéfice de cession de biens n'était accordé qu'au débiteur malheureux et de bonne foi.

III. — Dans le *mutuum* d'argent, l'objet de la restitution était déterminé par la valeur nominale et fictive des monnaies, et non pas par leur valeur réelle résultant de leur titre et de leur poids.

IV. — Le *nauticum fœnus* est un *mutuum* soumis à des règles particulières et sanctionné par une *condictio.*

Droit civil.

I. — L'étranger régulièrement divorcé dans son pays peut valablement se remarier en France.

II. — Les enfants nés hors mariage de beau-frère et belle-sœur, oncle et nièce, tante et neveu, peuvent être légitimés par le mariage subséquent de leurs père et mère.

III. — Le demi-interdit ne peut consentir seul des conventions matrimoniales plus défavorables que la communauté légale.

IV. — Le père de famille ne peut écarter son enfant naturel de sa succession, en lui remettant de son vivant la moitié de sa part héréditaire, si celui-ci refuse de l'accepter.

V. — L'action en revendication d'un bien donné ou légué par personne interposée à une congrégation non autorisée n'est pas soumise à la prescription de l'article 2262.

VI. — La femme étrangère n'a pas d'hypothèque légale sur les biens de son mari situés en France.

Droit Commercial.

I. — La femme commerçante ne peut s'associer avec son mari.

II. — La constitution de dot faite par le débiteur failli à sa fille est un acte à titre onéreux.

III. — La portion de dette remise dans un concordat n'est pas soumise à rapport.

Droit Criminel.

I. — Le nombre des faits nécessaires pour constituer le délit d'habitude d'usure est laissé à l'appréciation souveraine du juge, quand le délinquant n'a pas été condamné déjà pour usure.

II. — Pour qu'une condamnation pour habitude d'usure puisse être prononcée, il suffit que le dernier des faits constitutifs de l'habitude ne soit pas couvert par la prescription.

III. — Au point de vue de l'application de l'article 383 du Code pénal, les allées d'un jardin ou d'une promenade publique ne sauraient être assimilées à un chemin public.

Droit Administratif.

I. — Le diocèse est investi de la personnalité civile.

II. — Tous les édifices affectés à un service public, font partie du domaine public.

Vu :

Le Président de la Thèse,

Ch. TESTOUD.

Vu :

Le Doyen de la Faculté,

A. GUEYMARD.

Vu :

Le Recteur,

J. GÉRARD.

BIBLIOTHÈQUE NATIONALE RF IMPRIMÉS

www.ingramcontent.com/pod-product-compliance
Ingram Content Group UK Ltd.
Pitfield, Milton Keynes, MK11 3LW, UK
UKHW020136220726
13923UKWH00001B/202